für nelson mandela

JACQUES DERRIDA
JORGE AMADO
SUSAN SONTAG
OLYMPE BHÊLY-QUÊNUM
HEINER MÜLLER
MUSTAPHA TLILI
KATEB YACINE
NADINE GORDIMER
ADONIS
HÉLÈNE CIXOUS
EDMOND JABÈS
JUAN GOYTISOLO
SEVERO SARDUY
MAURICE BLANCHOT

rowohlt

1. Auflage Mai 1987

Die Originalausgabe erschien unter dem Titel
«Pour Nelson Mandela» © 1986 by Éditions Gallimard, Paris

Einbandgestaltung Peter Wippermann
Foto von Nelson Mandela: Poly Press
Gesamtherstellung Clausen & Bosse, Leck
Printed in Germany
ISBN 3 498 01269 X

INHALT

DOMINIQUE LECOQ

Vorwort

Afrika hat von nun an das Gesicht Nelson Mandelas, dies Gesicht, das uns erschüttert, dessen Züge im Gefängnis erstarrt sind und das die Rassisten unwiderruflich der Geschichte überantwortet haben, indem sie Mandela mit der Zeit als Mensch auslöschen wollten. Afrika hat von nun an das Gesicht Mandelas, denn er wollte lieber in Gefangenschaft bleiben als Auflagen für seine Freisetzung anerkennen – eine solche Freiheit wäre für ihn und seine afrikanischen Brüder keine wahre Freiheit gewesen. Und auf diesem schrecklichen und lächerlichen Titel des ältesten politischen Gefangenen der Welt hat er sein Königreich aufgebaut und wurde hinter den Kerkergittern zum Symbol der souveränen Freiheit – nicht derjenigen, die die Henker gewähren, sondern derjenigen, die im Kampf ersehnt und dort gewonnen wird, die zum Leben selbst gehört. Robben Island, diesen im Ozean verlorenen, trockenen Felsen, auf dem er lange eingesperrt war, machte Mandela zu einem Ort, wo sich das Leben unbeugsam gegen den Tod stellt, indem er auf die Würde aller setzte, denen zum Trotz, die «nur solche Freiheiten kennen, die andere in ebenso tiefe Sklaverei stürzen», wie Jean Paulhan sagte.

Sein Volk hat ihn vernommen, es geht auf die Straße, um in Südafrika einen Alptraum zu beenden, der vor mehr als fünfzig Jahren in der deutschen Nacht begonnen hat. Dieser Kampf gilt auch der «Würde des Menschen», könnte Mandela hinzufügen, denn es zeichnet ihn aus, daß er nicht von Partisanen geführt wird, daß mit ihm die Achtung vor dem einzigen Gesetz eingeklagt wird, das überall und zu aller Zeit die Einheit aller Menschen bekräftigt und über sie wacht: außerhalb dieses Gesetzes beginnt die Barbarei. Ein Kampf also für die Würde, aber auch gegen das Schweigen.

Ein Freund, der nach jahrelanger Haft einem südafrikanischen Gefängnis entkommen war, vertraute mir an, was das Grundbedürfnis eines politischen Gefangenen ist: zu wissen, daß man ihn nicht vergessen hat. Dafür muß man das schlechte Gedächtnis für Namen und Wörter aufrütteln: für ein Wort wie «Apartheid» zum Beispiel, das in keine andere Sprache zu übersetzen ist. Mit welchem Alibi deckt dieses Wort das Unerträgliche zu, indem man es immer wieder in den Mund nimmt? Manchmal erlaubt es sogar, daß Leute ein System im Prinzip verurteilen, das sie konkret unterstützen. Die Realität der «Apartheid» ist nämlich konkret – irrsinnig in ihrer Alltäglichkeit –, und allein das südafrikanische Volk kann das ändern. Was nicht bedeutet, daß man es dabei allein lassen sollte: woraus sich zwingend die Existenzberechtigung dieses Buchs ergibt.

Wir haben es hier nicht sosehr mit Gelegenheitsdichtung zu tun, sondern mit Literatur, die wie immer eng mit Elend und Tod zusammenhängt. «Wer eine Spur hinterläßt, hinterläßt auch eine Wunde», schrieb Henri Michaux in seinem letzten Buch.

Zweifellos muß der Schriftsteller von der Wunde – die Macher der «Apartheid» haben sie heutzutage ins lebende Fleisch geschnitten – eine Spur hinterlassen, nicht nur um das schlechte Gedächtnis zu überlisten, sondern auch um die Wahrheit wiedereinzusetzen, denn das Vergessen verfälscht die Bedeutung der Wörter. So kommt Liebe ins Spiel. Angesichts des Unerträglichen bleibt oft nur noch der Schrei, oder – eine überlegtere Reaktion – das Zeugnis. Was dann folgt, rührt weder von dem einen noch von dem anderen her, sondern von der zwingenden Notwendigkeit zu schreiben, einer unabdingbaren Leidenschaft für das geschriebene Wort, damit das Unaussprechliche endlich ausgesprochen wird. Eine Wette, die man immer verliert und doch wieder von neuem eingeht: aus dieser verzweifelten Anstrengung, das Unmögliche zu erreichen, entstehen die kraftvollsten Werke der Literatur. So beantworten diese Texte eine Frage, die mit Worten gar nicht gestellt werden kann, ein Rätsel – daß die «Apartheid» trotz allem weiter fortbesteht, wird eines der Rätsel unserer Zeit bleiben –, das im verborgenen am zeitgenössischen Diskurs, an den Ausformungen unserer Kultur arbeitet, wie immer man zu ihnen auch stehen mag.

Die Idee zu diesem Buch wurde in einem Gespräch mit Mustapha Tlili geboren, das wir in der Folge oft wiederaufnahmen. Es entstand dann auf Grund der Einladung, die Jacques Derrida und ich Schriftstellern zusandten, damit sie sich an dem Projekt beteiligten. Wie von selbst stellte sich eine Verbindung unter ihnen her über die außergewöhnliche Persönlichkeit von Nelson Mandela und das authentische Afrika, das er mit der ihm eigenen Forderung nach Freiheit symbolisiert. Ein internationales Unterstützungskomitee wurde gegründet, das alle Erdteile umfaßte und dem außer Jacques Derrida die Schriftsteller, Dichter und Philosophen Adonis, Ba Jin, André Brink, Marguerite Duras, Nadine Gordimer, Michel Leiris, Heiner Müller, Octavio Paz, Susan Sontag und Wole Soyinka angehörten.

Sinn dieser Initiative war natürlich nicht, Schriftsteller zu einer Stellungnahme zu bewegen – bei dem für jeden Menschen Unerträglichen kann es keine Wahl geben, wie sie allem Engagement zugrunde liegt. Es ging vielmehr darum, daß jeder, dem unsere Sache ein Anliegen war, einen Originaltext beisteuerte, um diese Nelson Mandela gewidmete Sammlung zusammenzustellen. So war ein Raum abgesteckt, frei für jede Annäherung und offen für die größtmögliche Unterschiedlichkeit der Formen. Ein Raum, der jetzt angefüllt ist mit Gedichten (Adonis, Edmond Jabès, Servero Sarduy), Erzählungen (Olympe Bhêly-Quênum, Hélène Cixous, Nadine Gordimer, Mustapha Tlili), Essays (Jorge Amado, Maurice Blanchot,

Jacques Derrida, Juan Goytisolo, Heiner Müller, Susan Sontag) und einem Theaterstück (Kateb Yacine).

Andere Schriftsteller haben unser Vorhaben begrüßt, konnten aber nicht teilnehmen, wie Samuel Beckett, Salman Ruhdie oder Christa Wolf. Schon heute stellt dieses Buch ein Ereignis dar, das wegen der Verschiedenartigkeit und Qualität der Beteiligten keinen Vorläufer in der Literaturgeschichte hat.

Die folgenden Seiten bergen auf gewisse Weise die Lösung des Rätsels, das jedoch letztlich die Oberhand behält und als Rätsel bestehen bleibt. Dennoch wird sich nun etwas geändert haben. Es ist, als hätte sich unsere Überzeugung auf subtile Weise vertieft: Die «Apartheid» hat ihr Gesicht, die Freiheit, die Afrika seiner universellen Bestimmung zurückgibt, ein anderes. Und dann hat die Freiheit das Gesicht Nelson Mandelas angenommen.

Aus dem Französischen von Hans Thill

JACQUES DERRIDA

Die Bewunderung Nelson Mandelas oder Die Gesetze der Reflexion

1

Bewundernswerter Mandela.

Punkt, kein Ausrufungszeichen. Ich mache nicht etwa deshalb keine Hervorhebung, um einen Enthusiasmus abzuschwächen oder um eine Begeisterung zu dämpfen. Anstatt nur zu Ehren von Nelson Mandela zu sprechen, möchte ich etwas über seine Ehre sagen, ohne – wenn möglich – in Lobpreisungen zu verfallen, ohne zu proklamieren oder zu applaudieren.

Eine Hommage wäre vielleicht noch angemessener, wenn sie die Kälte einer Analyse um jene Ungeduld des Fragens bereicherte, ohne die man nicht bewundern kann. Was immer man auch sagen mag, die Bewunderung argumentiert vernünftig, sie erklärt sich mit Gründen, sie ist verwundert und stellt die Frage: wie kann man Mandela sein? Warum erscheint er in dem, was er denkt und sagt, was er macht oder was er erleidet, beispielhaft und bewundernswert? Bewundernswert, sowohl für sich als auch für das, wovon er Zeugnis ablegt – ein anderes Wort für Märtyrer –, nämlich von der Erfahrung seines Volkes?

«Mein Volk und ich», sagt er immer, ohne wie ein König zu sprechen.

Warum *erzwingt* er die Bewunderung? Diese Frage setzt auch einen gewissen Widerstand voraus, denn sogar seine Feinde bewundern ihn, ohne es zuzugeben. Im Gegensatz zu denjenigen in seinem Volk, die ihn, wie Winnie, welche man vergeblich immer von ihm trennen wollte, lieben, fürchten sie sich vor ihm. Wenn seine gehässigsten Verfolger ihn insgeheim bewundern, dann ist das ein Beweis dafür, daß er, wie man so sagt, zur Bewunderung zwingt.

Daher fragt man sich: woher kommt diese Kraft? Worauf ist sie gerichtet? Sie wird eingesetzt und angewandt, aber woran? Oder vielmehr: auf was übt sie ihren Druck aus? Welche Form hat dieser Druck? Welche Linie?

Man erkennt zunächst und vor allem anderen die *Linie einer Reflexion.* Es handelt sich um eine Reflexionskraft. Eine erste Gewißheit: die politische Erfahrung oder Leidenschaft von Mandela ist niemals von einer theoretischen Reflexion zu trennen: der Reflexion über die Geschichte, die Kultur und vor allem über das Recht. Eine ununterbrochene Analyse begleitet die Rationalität seiner Handlungen, seiner Demonstrationen, seiner Reden und seiner Strategie. Schon bevor er durch das Gefängnis zum Rückzug gezwungen wurde (aber auch während der fünfundzwanzig Jahre Haft hat er nicht aufgehört, den Kampf zu führen und anzuleiten), ist Mandela immer ein Mann der Reflexion gewesen. Wie alle großen Politiker.

Aber unter Reflexionskraft läßt sich noch etwas anderes verstehen: sie ist ein Hinweis auf die Buchstäblichkeit des Spiegels und die Szene der Spekulation oder Spiegelung. Und zwar weniger im Sinne der physikalischen Reflexionsgesetze als im Sinne der spiegelbildlichen Paradoxe im Umgang mit dem Gesetz. Es gibt kein Gesetz ohne Spiegel. Und gerade diesem Vorgang der Umkehrung können wir niemals unsere Bewunderung verweigern.

Bewunderung* bedeutet, wie ihr Name schon sagt, usw...

* Das Spiegel- u. Blickdispositiv, das Derrida in Mandelas Äußerungen ausmacht, ist in der dt. Übersetzung nicht unmittelbar nachvollziehbar. Fr. «admiration» («Be-/Verwunderung») ist abgeleitet von altfr. «amirer» («mit Verwunderung *betrachten*») und steht in Bezug zu «miroir» («Spiegel»). Das Adjektiv zu «miroir» ist «spéculaire», also «spiegelbildlich», «spiegelartig», aber auch «spekulativ». Neben «admiration» bringt Derrida «respect» («Achtung») ins Spiel, das in lat. Wurzel «zurück-/sich umblicken» bedeutet. (A. d. Ü.)

Nein, wo immer ihr Name herkommt oder was immer sie *sichtbar* macht, die Bewunderung oder Verwunderung gehört nicht nur zum Bereich des Blickes. Sie ist ein Ausdruck für die Emotion, das Erstaunen, die Überraschung und das Nachfragen gegenüber dem, was das Maß übersteigt: gegenüber dem «Außerordentlichen», wie Descartes sagt, der sie für eine Leidenschaft hält, für die erste der sechs ursprünglichen Leidenschaften. Sie kommt vor der Liebe, dem Haß, dem Begehren, der Freude und der Traurigkeit. Sie führt zur Erkenntnis. Jenseits von ihr gibt es nur Unkenntnis, fügt er hinzu; sie hat deshalb «so große Gewalt», weil sie auf der «Überraschung» oder dem «plötzlichen Eindruck» beruht. Der verwunderte oder bewundernde Blick ist erstaunt, er befragt seine Intuition, er öffnet sich dem Lichtstrahl einer Fragestellung – allerdings einer Frage, die sowohl übernommen als auch gestellt wird. Diese Erfahrung wird von dem Strahl einer Frage durchquert, was allerdings nicht daran hindert, ihn zu reflektieren. Der Strahl geht gerade aus dem hervor, was zur Bewunderung zwingt; er bricht und zerlegt das Bewunderte in einem spiegelartigen Vorgang, der auf eigenartige Weise fasziniert.

Mandela wird bewundernswert, weil er es verstanden hat, zu bewundern. Und was er verstanden hat, hat er in der Bewunderung verstanden. Wie wir sehen werden, fasziniert er auch deswegen, weil er selber fasziniert war.

Eben dieses *spricht* er in einer bestimmten Weise *aus,* die wir verstehen müssen. Er sagt, was er macht und was ihm widerfahren ist. Ein solcher Lichtstrahl, dieses reflektierende Durchquertwerden, die Erfahrung als das Hin und Her einer Frage wäre somit auch das Erheben einer Stimme.

An was erinnert uns die Stimme von Nelson Mandela, was verlangt sie von uns? Was ruft sie in uns hervor? Hat das etwas mit dem Blick, der Reflexion und der Bewunderung zu tun, ich meine, mit der Energie dieser Stimme, aber auch mit der Energie dessen, was in seinem Namen mitschwingt (man höre nur die Begeisterung seines Volkes, wenn es in seinem Namen demonstriert: Man-de-la!).

Nelson Mandelas Bewunderung, so wie man sagen könnte, Nelson Mandelas Leidenschaft. Die Bewunderung des Mandela, ein doppelter Genitiv: Bewunderung, zu der er anregt und die er verspürt. Beide Formen von Bewunderung haben denselben Brennpunkt, in dem sie sich reflektieren. Wie ich schon sagte: er ist deswegen bewundernswert, weil er mit aller Kraft bewundert hat und weil er aus seiner Bewunderung eine Kraft gemacht hat, eine Kampfesstärke, die unberechenbar und ununterdrückbar ist. Er hat sie sogar zum Gesetz gemacht, zum Gesetz über den Gesetzen.

Denn was hat er letzten Endes bewundert? In einem Wort: das GESETZ.

Und das, was es in den Diskurs, in die Geschichte und die Institutionen eingeschrieben hat, also das RECHT.

Ein erster Beleg – denn er spricht als Anwalt während eines Prozesses, während seines Prozesses, den auch er führt, den er seinen Anklägern im Namen des Rechtes macht:

«Die Hauptaufgabe der Gegenwart ist die Beseitigung der Rassendiskriminierung und die Erlangung demokratischer Rechte auf der Basis der Freiheitscharta. (...) Aus meiner Lektüre der marxistischen Literatur und aus Gesprächen mit Marxisten habe ich den Eindruck gewonnen, daß die Kommunisten das parlamentarische System des Westens als undemokratisch und reaktionär ansehen. *Ich dagegen bewundere ein solches System.* Die *Magna Charta,* die ‹Petition of Rights› und die ‹Bill of Rights› sind Dokumente, die von Demokraten in aller Welt sehr geschätzt werden. Ich habe eine große Hochachtung vor den politischen Institutionen und dem Rechtssystem in Großbritannien. Ich betrachte das britische Parlament als die demokratischste Institution der Welt, und die Unabhängigkeit und Unparteilichkeit der englischen Gerichtsbarkeit haben immer meine größte *Bewunderung* hervorgerufen. Der amerikanische

Kongreß, das in den USA herrschende Prinzip der Gewaltenteilung sowie die Unabhängigkeit der Justiz beeindrucken mich in ähnlicher Weise.» *

Er bewundert das Gesetz, wie er ausdrücklich sagt. Aber ist dieses Gesetz, das über den Konstitutionen und Deklarationen steht, in seinem Wesen eine Sache des Abendlandes? Steht seine formale Universalität in einem direkten Zusammenhang mit der europäischen beziehungsweise anglo-amerikanischen Geschichte? Wenn es so wäre, müßte man dennoch folgende seltsame Möglichkeit bedenken: der formale Charakter wäre ebenso wesentlich für die Universalität des Gesetzes wie sein erstes Auftreten zu einem bestimmten Zeitpunkt und an einem bestimmten Ort der Geschichte. Wie soll man sich eine solche Geschichte vorstellen? Bliebe der Kampf gegen die *Apartheid* überall, wo er stattfindet, und so, wie Mandela ihn führt und reflektiert, also eine Art von spiegelbildlicher Auseinandersetzung, ein interner Krieg, den das Abendland in sich selber und in seinem eigenen Namen führt? Ein innerer Widerspruch, der weder etwas radikal anderes noch eine echte Asymmetrie dulden würde?

Eine solche Annahme enthält in dieser Form noch zu viele unklare Voraussetzungen. Wir wollen später versuchen, näher darauf einzugehen. Halten wir für den Moment nur an einem weniger weitreichenden, aber dafür offenkundigen Punkt fest: was Mandela ausdrücklich bewundert, ist die Tradition, die mit der Magna Charta begonnen hat, die Erklärung der Menschenrechte in ihren verschiedenen Formen (er verweist sehr häufig auf die «Würde des Menschen», auf den Menschen, «der dieses Namens würdig ist») und auch die parlamentarische De-

* Plädoyer. Prozeß von Rivonia, Okt. 1963–Mai 1964. In: Nelson Mandela, ‹*Der Kampf ist mein Leben. Gesammelte Reden und Schriften*›, Dortmund 1986, S. 277ff. Alle weiteren Zitate stammen aus diesem Buch. Sie wurden allerdings stellenweise der Interpretation Derridas und den Hervorhebungen, die von ihm stammen, angepaßt. (A. d. Ü.)

mokratie, die Lehre von der Gewaltenteilung und die Unabhängigkeit der Rechtsprechung.

Aber wenn er diese Tradition bewundert, ist er dann auch einfach ihr Erbe? Ja und nein, je nachdem, was man unter Erbschaft versteht. Als echten Erben kann man denjenigen ansehen, der sein Erbe bewahrt und vermehrt, aber auch denjenigen, der die *Logik* des Vermächtnisses so sehr respektiert, daß er sie gelegentlich gegen die wendet, die sich als seine Hüter ausgeben, und gegenüber den Usurpatoren sogar deutlich macht, was an der Erbschaft noch nie wahrgenommen worden ist. Er kann durch einen beispiellosen Reflexionsakt sogar etwas ans Licht bringen, was noch niemals sichtbar gewesen ist.

2

Diese unbeugsame Logik der Reflexion war auch die Praxis von Mandela. Hier zumindest zwei Hinweise darauf.

1. *Erster Hinweis.* Nachdem er 1944 dem Afrikanischen Nationalkongreß beigetreten war, wurde er zu einem der Führer dieser Organisation, die die Nachfolge des Südafrikanischen Nationalkongresses angetreten hatte. Bereits die Struktur des letzteren war ein Spiegelbild des amerikanischen Kongresses und des House of Lords. Es gab insbesondere ein Oberhaus. Das Grundschema wurde also bereits von jener parlamentarischen Demokratie gebildet, die Mandela bewunderte. Auch die Freiheitscharta, die 1955 formuliert wurde, verkündet demokratische Prinzipien, die von der «Bill of Rights» angeregt wurden. Und trotzdem wehrt sich Mandela mit einer exemplarischen Unerbittlichkeit gegen ein schlichtes Bündnis mit den weißen Liberalen, die dafür eintreten, den Kampf im Rahmen der damaligen Verfassung zu führen. Mandela ruft die Wahrheit in Erinnerung: die Schaffung dieses verfassungsmäßigen Gesetzes ist nicht nur ein einmaliger Gewaltakt gewesen. Ein solcher Gewaltakt erzeugt die Einheit der Nation *und* setzt sie *gleichzeitig* voraus. In diesem Fall ist der Gewaltakt ein Ge-

waltstreich *geblieben,* ein Fehlschlag, denn er ist mißlungen, das Scheitern eines Gesetzes, dem es nicht gelungen ist, Fuß zu fassen. Es ist nur für seine Urheber und die von ihm Begünstigten geschaffen worden, nicht für den Gesamtwillen, sondern für Einzelwillen, für einen Teil des Volkes, für eine begrenzte Zahl von Privatinteressen, die der weißen Minderheit. Diese wird zum privilegierten Bürger. Sie ist in Wahrheit der einzige Bürger dieser antikonstitutionellen Konstitution. Man wird hier vielleicht einwenden, daß ein solcher Gewaltstreich immer zur Entstehung einer Nation, eines Staates oder Nationalstaates gehört. Der eigentlich *performative* Akt einer solchen Institution muß tatsächlich erschaffen (proklamieren), was er entsprechend einem *konstatierenden* Akt beschreiben, deklarieren und sichern will. Das Trugbild oder die Fiktion besteht also darin, daß man vorgibt, etwas zur Kenntnis zu nehmen, *indem man ihm Gestalt gibt,* daß man vorgibt, es zu reflektieren, als ob es darum ginge, etwas zu registrieren, das bereits *vorhanden wäre* (die Einheit einer Nation, die Grundlage eines Staates), während man erst im Begriff ist, es zu produzieren. Aber eine Legitimität beziehungsweise Legalität läßt sich dadurch nicht dauerhaft installieren; und sie kann die ursprüngliche Gewalttat nicht verbergen und sie nur unter bestimmten Voraussetzungen in Vergessenheit geraten lassen. All diese *Performative,* sagte ein Theoretiker der *speech acts,* sind nicht «glücklich». Das hängt von einer großen Anzahl von Voraussetzungen und Konventionen ab, die den Kontext derartiger Ereignisse bilden. Im Fall von Südafrika sind die «Konventionen» nicht respektiert worden. Die Gewalt ist zu groß gewesen; sie ist in einem Moment *sichtbar zu groß* gewesen, in dem diese Sichtbarkeit auf einer neuen internationalen Bühne zur Schau gestellt wurde, etc. Die Gemeinschaft der Weißen war *allzu* klein; die Ungleichheit der Reichtümer war *allzu* offenkundig. Von da an bleibt diese Gewalt gleichzeitig exzessiv und ohnmächtig, auf die Dauer ungenügend und in ihre eigene Widersprüchlichkeit verstrickt. Wie im Falle von Staaten, die durch einen Völkermord oder durch eine nahezu vollständige Ausrottung entstanden sind, kann sie sich nicht vergessen machen. Hier muß die Gewalt des Ursprungs sich unendlich wiederholen und ihr Recht in einem Gesetzgebungsapparat vortäuschen, dessen Monstrosität nicht in der Lage ist, uns Sand in die Augen zu streuen: eine pathologische Vermehrung von juristischen Prothesen (Gesetze, Protokolle, Zusätze), die dazu dienen sollen, bis ins kleinste Detail die alltäglichsten Auswirkungen des grundlegenden Rassismus zu legalisieren, des einzigen und letzten Staatsrassismus auf der ganzen Welt.

Die Verfassung eines solchen Staates kann sich also nicht mit einer hinreichenden Wahrscheinlichkeit auf den Willen des Volkes beziehen. Zum Beispiel so, wie es in der Freiheitscharta heißt: «Südafrika gehört allen, die darin leben, Schwarzen und Weißen. Keine Regierung kann sich auf eine Autorität berufen, die nicht auf dem Willen des ganzen Volkes beruht.» Indem er sich auf den Gesamtwillen (la volonté générale) bezieht, der übrigens nicht auf die Summe der Willen des «ganzen Volkes» reduzierbar ist, erinnert uns Mandela oft an Rousseau, auch wenn er ihn niemals direkt zitiert. Er bestreitet also die Autorität, die Legalität und die Konstitutionalität der Konstitution. Und deshalb lehnt er auch die Grundsätze der liberalen Weißen und ein Bündnis mit ihnen ab, da sie gegen die *Apartheid* kämpfen und sich trotzdem an den Rahmen der Legalität halten:

«Den Liberalen schreiben ihre politischen Grundsätze vor, daß sie ‹nur demokratische und verfassungsmäßige Mittel anwenden dürfen und sich allen totalitären Formen wie Kommunismus und Faschismus widersetzen müssen›. Demokratische und verfassungsmäßige Mittel können nur für diejenigen von realer Bedeutung sein, die demokratische und verfassungsmäßige Rechte genießen.» (S. 77)

Was setzt Mandela dem Gewaltstreich der weißen Minderheit entgegen, die ein angeblich demokratisches Gesetz ausschließlich zugunsten einer einzigen ethno-nationalen Entität errichtet hat? Das «ganze Volk», das heißt, eine andere ethno-nationale Entität, ein anderes Volksganzes, das aus allen Gruppen besteht, darin eingeschlossen die weiße Minderheit, die das als Südafrika bezeichnete Territorium bewohnen. Diese andere Entität konnte oder kann in der Zukunft nur durch einen performativen Akt als Untertan des Staates oder der Verfassung von «Südafrika» eingesetzt werden. Und dieses wird sich offensichtlich nicht auf irgendein vorgegebenes Grundgesetz stützen, sondern ausschließlich auf die «Übereinkunft» einer geographischen und demographischen Grenzfestlegung, die im großen und ganzen durch die Kolonisierung der Weißen entstanden ist. Diese Tatsache bleibt unauslöschlich bestehen. Zweifellos müßte der Wille des «ganzen Volkes», auf jeden Fall aber der Gesamtwille jede empirische Festlegung auf die Kolonisierung zurückführen. Das ist zumindest sein regulatives Ideal. Es scheint hier nicht zugänglicher zu sein als anderswo. Die Definition des «ganzen Volkes» registriert – und reflektiert somit anscheinend – das Ereignis dieses Gewaltstreiches, der zunächst in der Okkupation durch die Weißen und dann in der Gründung der Republik Südafrika bestand. Wie sollte man ohne dieses Ereignis den geringsten Zusammenhang zwischen dem Gesamtwillen und dem, was die Freiheitscharta als «Willen des ganzen Volkes» bezeichnet, erkennen können? Letzterer wird paradoxerweise durch die Gewalt gebildet, die ihm angetan wird und die ihn in seiner virtuellsten Identität spalten oder für immer zerstören will. Dieses Phänomen ist für die Gründung nahezu aller Staaten nach einer Entkolonisierung charakteristisch. Mandela weiß, daß die absolute Erneuerung eines Staates, so demokratisch sie auch sein mag und selbst wenn sie dem Prinzip der Gleichheit aller vor dem Gesetz zu entsprechen scheint, nicht von der im voraus *legitimierten* Existenz einer nationalen Entität ausgehen kann. Das gleiche gilt für eine erste Konstitution. Die völlige Einheit des Volkes kann beim erstenmal nur durch einen Vertrag – formell oder nicht, geschrieben oder nicht – hergestellt werden, der irgendein grundlegendes Gesetz festlegt. Und dieser Vertrag wird immer nur von den angeblichen Repräsentanten des angeblich «ganzen» Volkes unterzeichnet. Dieses grundlegende Gesetz kann weder rechtlich noch tatsächlich einfach dem vorausgehen, wodurch es zugleich gesetzt und dennoch vorausgesetzt, projiziert und reflektiert wird! Es kann nicht jenem außergewöhnlichen Performativ vorausgehen, durch das eine Unterschrift sich selbst zur Unterschrift autorisiert, durch das es sich also von sich aus, ohne die Garantie eines vorhergehenden Gesetzes legalisiert. Diese autobiographische Gewalttat und Fiktion findet sich sowohl in dem, was man als individuelle Autobiographie bezeichnet, wie am «historischen» Ursprung von Staaten. Im Fall von Südafrika ergibt sich folgende Fiktion (und dabei handelt es sich um Fiktion gegen Fiktion): die Einheit des «ganzen Volkes» konnte nicht der Grenzziehung entsprechen, die die weiße Minderheit vorgenommen hat. Sie müßte jetzt ein Ganzes bilden (weiße Minderheit + alle Einwohner von «Südafrika»), dessen Gebilde sich nur durch die Gewalttat einer Minderheit konstituieren und zusammenfügen könnte. Auch wenn sie selber dagegen ist, ändert das nichts an diesem unvermeidlichen Widerspruch. Das «ganze Volk», die Einheit «aller nationalen Gruppen», kann sich nur durch den Akt eine rechtmäßige Existenz und Gesetzeskraft verschaffen, den man als die Freiheitscharta bezeichnet. Diese spricht in der Gegenwart, in einer Gegenwart, die man für auf die *Beschreibung* einer vergangenen Gegebenheit gegründet hält, welche in der Zukunft erkannt werden soll; und sie spricht auch in der Zukunft, in einer Zukunft, die den Wert einer *Vorschrift* hat.

«Wir, das Volk von Südafrika, erklären vor dem ganzen Land und vor aller Welt: daß Südafrika allen gehört, die darin leben, Schwarzen und Weißen, und daß wir die Autorität keiner Regierung anerkennen, die sich nicht auf den Willen des ganzen Volkes stützt. (...)

– Das Volk soll regieren!
– Alle nationalen Gruppen sollen die gleichen Rechte haben!
– Vor dem Gesetz sollen alle gleich sein!» (S. 87–89)

Die Charta annulliert den Akt der Grundlegung des Gesetzes nicht, jenen notwendigerweise in sich a-legalen Akt, der Südafrika erschafft und der erst im nachhinein legal sein kann, insbesondere dann, wenn er vom Recht der Weltöffentlichkeit ratifiziert wird. Nein, die Charta schreibt ihn um, sie hat zumindest vor, ihn umzuschreiben, indem sie der weißen Minderheit jene Prinzipien *zurückspiegelt,* von denen sie sich angeblich leiten ließ, während sie sie *tatsächlich* unaufhörlich verrät. Demokratie, ja, Südafrika, ja, aber dieses Mal, sagt die Charta, soll das «ganze Volk» alle nationalen Gruppen umfassen; eben dies ist die Logik des Gesetzes, auf das die weiße Minderheit sich angeblich beruft. Auf dem so eingegrenzten Territorium werden also alle menschlichen Wesen, alle Menschen, «die dieses Namens würdig sind», tatsächlich dem Gesetz unterstellt.

2. *Zweiter Hinweis.* Die ausdrückliche «Bewunderung» für das Modell der parlamentarischen Demokratie nach angloamerikanischer Art und für die Gewaltenteilung, das Festhalten der Charta an all den Prinzipien einer solchen Demokratie und die Logik einer Radikalisierung, die gerade diese Prinzipien den westlichen Vertretern der *Apartheid* entgegenhält – all das könnte dem Gewaltakt einer schlichten spiegelbildlichen Umkehrung ähneln: der Kampf der «schwarzen» Gemeinschaft (der nicht «weißen» Gemeinschaften) würde im Namen eines importierten Gesetzes und Modells geführt – und zuallererst von den ersten Importeuren verraten. Eine erschreckende Asymmetrie. Aber sie scheint sich selber so weit zu reduzieren oder vielmehr zu reflektieren, daß sie sich jeder objektiven Vorstellung entzieht: weder Symmetrie noch Asymmetrie. Und zwar deshalb, weil es weder einen Import noch einen Ursprung gibt, den man der Geschichte des Gesetzes einfach zuschreiben könnte, sondern nur ein reflektierendes Dispositiv,

ein Dispositiv mit Bildprojektionen, mit Umkehrungen von Fluchtlinien, mit Eröffnungen von neuen Perspektiven und geschichtlichen Effekten für ein Gesetz, dessen Struktur und «Geschichte» darin besteht, den Ursprung zu verwischen. Ein solches Dispositiv (und mit diesem Wort will ich nur zum Ausdruck bringen, daß dieses X nicht natürlich ist, was es aber auch nicht unbedingt als ein Artefakt definiert, das aus Menschenhänden hervorgegangen ist) ist nicht in einem objektiven Raum darstellbar. Zumindest aus *zwei Gründen,* die ich hier mit dem uns beschäftigenden Fall in Verbindung bringen will.

A. Der erste Grund ergibt sich aus der Struktur des vorliegenden Gesetzes, Prinzips oder Modells. Wo immer der historische Ort ihrer Entstehung und Formulierung, ihrer Entdeckung und Einführung sein mag, eine solche Struktur tendiert zur Universalität. Eben darin liegt sozusagen ihr intentionaler Gehalt: ihr Inhalt verlangt, daß sie unmittelbar über die historischen, nationalen, geographischen, sprachlichen und kulturellen Grenzen ihrer phänomenalen Herkunft hinausgeht. Alles müßte mit einer Entwurzelung beginnen. Die Grenzen würden dann als empirische Zufälligkeiten erscheinen. Sie könnten sogar verbergen, was sie scheinbar zum Vorschein kommen lassen. Man könnte also denken, daß die «weiße Minderheit» von Südafrika das Wesen der Prinzipein verschleiert, auf die sie sich angeblich beruft, daß sie diese Prinzipien privatisiert, partikularisiert, sich ihrer bemächtigt und sogar ihre Daseinsberechtigung und ihre Vernunft anzweifelt. Die «Reflexion», von der hier die Rede ist, würde dagegen im Kampf gegen die *Apartheid* sichtbar machen, was in der von den Weißen beherrschten politischen Phänomenalität nicht mehr sichtbar ist. Sie würde einen dazu zwingen, das wahrzunehmen, was nicht mehr oder noch nicht sichtbar ist. Sie will den Weißen die Augen öffnen; sie reproduziert das Sichtbare nicht, sie produziert es. Diese Reflexion verweist auf ein Gesetz, das sie in Wahrheit nur noch reflektiert, da dieses Gesetz als Phänomen unsichtbar war: es ist unsichtbar geworden oder noch unsichtbar. Weil sie das Unsichtbare sichtbar macht, entspringt diese Reflexion nicht aus dem Sichtbaren, sondern vollzieht sich im Verstand. Genauer gesagt, sie macht deutlich, was sich im Verstand abspielt und ausschließlich mit der Vernunft übereinstimmt. Das wäre ein erster Grund, die Vernunft selber.

B. Die zweite Begründung wäre noch problematischer. Sie bezieht sich direkt auf dieses phänomenale Erscheinen, auf die historische Konstitution des Gesetzes, sowie auf die demokratischen Prinzipien und Modelle. Auch hier noch folgt die Erfahrung der eingestandenen Bewunderung (die allerdings dieses Mal eine Bewunderung ist, welche sich auch als *fasziniert* bezeichnet) dem Zwang einer Reflexion. Immer eine Reflexion des Gesetzes: Mandela nimmt gerade die Präsenz dieses Gesetzes innerhalb der afrikanischen Gesellschaft wahr, er *sieht* sie, auch wenn andere sagen würden, daß er sie *projiziert und reflektiert, ohne sie zu sehen*. Selbst vor «der Ankunft des weißen Mannes».

In dem, was er selber zu diesem Thema sagt, möchte ich drei Grundmotive hervorheben:

a) die *Faszination*: die starre Aufmerksamkeit des Blicks, der gewissermaßen von etwas in eine medusenhafte Erstarrung versetzt wurde, das einen ansieht, ohne ein sichtbares Objekt zu sein, das einen bereits betrifft, das einen versteht und dazu zwingt, weiterhin zu beobachten, zu antworten und die Verantwortung für den Blick zu übernehmen, der einen anblickt und von außerhalb des Sichtbaren anspricht: weder Wahrnehmung noch Halluzination;

b) den *Keim*: er liefert ein Schema, das für die Interpretation unerläßlich ist. Das demokratische Modell ist in der Gesellschaft der Vorfahren gerade auf Grund seiner Virtualität gegenwärtig geworden, selbst wenn es der Reflexion nicht enthüllt wurde und sich in ihr als solches erst später *entwickelt* hat, nach dem gewaltsamen Hereinbrechen des «weißen Mannes», der dieses Modell mit sich brachte;

c) die südafrikanische *Heimat*, der Geburtsort aller nationalen Gruppen, die sich dem Gesetz der neuen Republik Südafrika unterstellen sollen. Diese Heimat ist weder mit dem Staat noch mit der Nation zu verwechseln:

«Vor vielen Jahren, als ich noch ein Junge war, der in einem Dorf in der Transkei aufwuchs, lauschte ich den Geschichten meiner Stammesältesten über die guten alten Zeiten *vor der Ankunft des weißen Mannes.* Damals führte unser Volk ein friedliches Leben unter der *demokratischen* Herrschaft seiner Könige und *Amapakati**, und die Menschen reisten sorglos und völlig ungehindert durch das Land. Damals gehörte das Land uns. (...) Damals hoffte und gelobte ich, daß zu allen Schätzen, die das Leben für mich bereit halten würde, auch die Gelegenheit gehören würde, meinem Volk zu dienen und meinen eigenen bescheidenen Beitrag zu seinem Freiheitskampf zu leisten.

Die Struktur und die Organisation der frühen afrikanischen Gesellschaften dieses Landes *faszinierten* mich sehr und hatten einen großen Einfluß auf die Entwicklung meines politischen Standpunktes. Das Land, damals das Hauptproduktionsmittel, gehörte dem ganzen Stamm, und es gab kein Privateigentum in irgendeiner Form. Es gab keine Klassen, keine Reichen und Armen und keine Ausbeutung des Menschen durch den Menschen. Alle Menschen waren frei und gleich, und dies war die Grundlage der Regierung. Die Anerkennung dieses allgemeinen Grundsatzes drückte sich in der Zusammensetzung des Rates aus, der die Angelegenheiten des Stammes regelte. (...)

In einer solchen Gesellschaft war vieles primitiv und unsicher, und sie könnte gewiß niemals den Erfordernissen unserer heutigen Zeit gerecht werden. Aber eine solche Gesellschaft birgt in sich den *Keim einer revolutionären Demokratie,* in der es keine Sklaven oder Knechte gibt und in der Armut, Not und soziale Unsicherheit keinen Platz mehr haben. (...)

(...) der Afrikanische Nationalkongreß (vertrat) die Überzeugung, daß alle Menschen, ungeachtet der nationalen

* Eingeweihte, nach dem König die Ranghöchsten. (A. d. Ü.)

Gruppe, der sie angehören mögen, und ungeachtet ihrer Hautfarbe, daß alle Menschen, die in Südafrika ihre *Heimat* haben, die an demokratische Grundsätze und an die Gleichheit aller Menschen glauben, als Afrikaner behandelt werden sollten; daß alle Südafrikaner das Recht haben, ein freies Leben auf der Basis voller Gleichberechtigung und Chancengleichheit (...) zu führen.» (S. 234–236)

Was die Faszination sichtbar zu machen scheint, was die Aufmerksamkeit Mandelas erregt und festhält, ist nicht nur die parlamentarische Demokratie, deren Prinzip *zum Beispiel, aber nicht beispielhaft* im Abendland dargeboten wurde, sondern der *virtuell bereits* vollzogene Übergang der parlamentarischen Demokratie zur revolutionären Demokratie: zur klassenlosen Gesellschaft ohne Privateigentum. Es wird also ein weiteres Paradox deutlich: die *tatsächliche* Vollendung, die Füllung der demokratischen Form, die *reale* Festlegung der Formbestimmung *hat* in der Vergangenheit dieser nicht-abendländischen Gesellschaft nur in Form der Virtualität oder, anders gesagt, «im Keim» *stattgefunden.* Mandela läßt sich von dem *faszinieren,* was aus früheren Zeiten reflektiert wird, was noch nicht sichtbar ist und was er voraussieht: die eigentlich revolutionäre Demokratie, von der das anglo-amerikanische Abendland selber nur ein unvollständiges und formales Bild geliefert hat, das daher *auch ein potentielles Bild* ist. Potentialität gegen Potentialität, Macht gegen Macht. Denn, wenn er das am meisten abendländische parlamentarische System des Abendlandes «bewundert», bringt er auch seine «Bewunderung» (wie er selber sagt, er verwendet immer dasselbe Wort) für «die Struktur und Organisation der frühen afrikanischen Gesellschaften dieses Landes» zum Ausdruck. Es handelt sich um einen «Keim» und eine Präformation, und zwar immer entsprechend derselben Logik oder Rhetorik, um eine Art von Genoptik*. Die Formen der afrika-

* Neologismus aus ‹Genesis› und ‹Optik›. (A. d. Ü.)

nischen Gesellschaft sind Präfigurationen; sie machen im voraus sichtbar, was als historisches Phänomen noch unsichtbar ist: die «klassenlose Gesellschaft» und das Ende der «Ausbeutung des Menschen durch den Menschen»:

«Heute übt die Idee von der klassenlosen Gesellschaft eine große Anziehungskraft auf mich aus, eine Faszination, die zum Teil von marxistischer Literatur herrührt und zum Teil der *Bewunderung* entspringt, die ich dem Aufbau und der Organisation der frühen afrikanischen Gesellschaftsordnungen in diesem Land entgegenbringe. Das Land, damals das Hauptproduktionsmittel, gehörte dem Stamm. Es gab keine Reichen oder Armen und keine Ausbeutung des Menschen durch den Menschen.» (S. 277)

3

In jeder Bedeutung dieses Wortes bleibt Mandela also *ein Mann des Gesetzes.* Er hat sich immer auf das Recht berufen, selbst wenn er gelegentlich gegen diese oder jene Form von Legalität verstoßen mußte, selbst wenn bestimmte Richter ihn zu gewissen Zeiten zu einem Gesetzlosen erklärt haben.

Ein Mann des Gesetzes war er vor allem *aus Berufung.* Einerseits beruft er sich immer auf das Gesetz. Andererseits hat er sich immer vom Gesetz angezogen und aufgerufen gefühlt, vor das man ihn zitieren wollte. Im übrigen hat er diese Vorladungen immer akzeptiert, selbst wenn er zu ihnen gezwungen wurde. Er sah darin eine Gelegenheit für sich, sagen wir sogar, eine Chance. Warum eine Chance? Man lese seine «Verteidigungsrede», die in Wirklichkeit eine Anklagerede ist. Man findet dort eine politische Autobiographie, die seinige und die seines Volkes, was untrennbar voneinander ist. Das «Ich» dieser Autobiographie begründet und rechtfertigt sich, aber es argumentiert und unterzeichnet im Namen von «uns». Immer sagt er, wie wir schon festgestellt haben, «mein Volk», vor allem, wenn er die Frage nach dem *vor dem Gesetz* Verantwortlichen stellt:

«Ich bin angeklagt, Menschen zu illegalen Protestaktionen gegen das Gesetz aufgestachelt zu haben, gegen ein Gesetz, an dessen Ausarbeitung weder ich noch meine Landsleute auch nur im geringsten beteiligt waren. Das Gesetz, gegen das sich der Protest richtete, ist das Gesetz zur Errichtung einer Republik in der Südafrikanischen Union. (...) Aber bei seinen Überlegungen, welches Strafmaß für ein solches Vergehen anzusetzen sei, muß das Gericht auch die Frage der Verantwortlichkeit prüfen. Es muß prüfen, ob ich verantwortlich gemacht werden kann oder ob nicht ein Großteil der Verantwortung bei der Regierung liegt, die das Gesetz verkündet hat, obwohl sie wußte, daß meine Landsleute, die die Mehrheit des Volkes dieses Landes stellen, gegen dieses Gesetz waren und obwohl sie ebenfalls wußte, daß ihnen alle legalen Möglichkeiten, diesem Protest Ausdruck zu verleihen, durch entsprechende, vorher verabschiedete Gesetze und administrative Maßnahmen der Regierung genommen worden waren.» (s. 232 ff.)

So stellt er sich selber dar. So stellt er sich in seinem Volk vor dem Gesetz dar. Vor einem Gesetz, das er zwar ablehnt, das er aber im Namen eines höheren Gesetzes ablehnt, welches er bewundert und dem er sich bereitwillig stellt. Durch eine solche Selbstdarstellung rechtfertigt er sich, indem er seine Geschichte zusammenfaßt – die er in einem einzigen Brennpunkt reflektiert, in dem einzigen und doppelten Brennpunkt seiner Geschichte und der Geschichte seines Volkes. Bei der Vorladung erscheinen sie gemeinsam; er tritt vor einem Gesetz an, das er ebenso aufruft, wie es ihn aufruft. Aber er stellt sich nicht, um sich vor der Anklage zu rechtfertigen. Die Selbstdarstellung steht nicht *im Dienste* des Rechts, sie ist kein Mittel. Die Darlegung dieser Geschichte ist eine *Rechtfertigung*, sie ist nur vor dem Gesetz möglich und hat nur vor dem Gesetz einen Sinn.

Nur in dieser Bewegung der Justiz ist er das, was er ist, Nelson Mandela, er und sein Volk, nur in ihr ist er gegenwärtig.

Erinnerungen und Geständnisse eines Anwalts. Dieser «gesteht» tatsächlich einen Vorstoß gegen die Legalität. Aber dabei rechtfertigt und fordert er diesen Verstoß. Indem er die ganze Menschheit als Zeuge anruft, wendet er sich an die universelle Gerechtigkeit über den Köpfen seiner jeweiligen Richter. Daher folgendes Paradox: im Vortrag dieses Märtyrers kann man eine Art von glücklichem Schauder verspüren. Und manchmal meint man den Tonfall von Rousseaus ‹*Bekenntnissen*› zu vernehmen, eine Stimme, die unaufhörlich an *die Stimme des Gewissens* appelliert, an das unmittelbare und untrügliche Gerechtigkeitsgefühl, an jenes Gesetz der Gesetze, das in uns spricht, weil es in unser Herz eingeschrieben ist. In derselben Tradition findet sich auch der Ort eines kategorischen Imperatives, einer Moral, die nichts mit den bedingten Hypothesen und Strategien des Interesses zu tun hat, wie zum Beispiel die verschiedenen Formen des bürgerlichen Rechts:

«Ich glaube nicht, Euer Ehren, daß das Gericht sich bei seinen Überlegungen, welche Strafe ich für die mir zur Last gelegten Verbrechen erhalten soll, von der Überzeugung leiten läßt, daß Strafen Menschen von dem von ihnen für richtig gehaltenen Weg abhalten können. Die Geschichte zeigt, daß Strafen Menschen, die ihrem *Gewissen* folgen, nicht zurückhalten können.» (S. 249)

«Welche Strafe mir Euer Ehren für die Verbrechen, derer ich vor diesem Gericht für schuldig befunden worden bin, auch auferlegen mag, seien Sie versichert, daß ich mich nach Abbüßung meiner Strafe weiterhin *von meinem Gewissen* leiten lassen werde; ich werde mich weiterhin von meiner Abscheu gegenüber der Rassendiskriminierung meines Volkes leiten lassen. Wenn ich aus dem Gefängnis herauskomme, werde ich nach bestem Wissen und Gewissen den Kampf für die Beseitigung dieser Ungerechtigkeiten wiederaufnehmen, bis sie eines

Tages restlos vom Erdboden verschwunden sein werden.» (S. 250)

«Wir hatten uns einer Mißachtung des Gesetzes schuldig gemacht. Wir waren uns dessen bewußt; aber trotzdem waren wir zu dieser Tat gegen unseren Willen gezwungen worden, und wir mußten uns zwischen dem Gesetz und unserem *Gewissen* entscheiden.» (S. 237)

«(Wir) befanden uns in einem *Konflikt zwischen dem Gesetz und unserem Gewissen.* Wie sollten wir uns verhalten, da die Regierung nicht die geringste Bereitschaft zeigte, unsere ernsthaften Einwände und unsere Lösungsvorschläge für die zukünftige Republik zu beachten, zu berücksichtigen oder wenigstens zur Kenntnis zu nehmen. Sollten wir dem Gesetz, das Proteste unter Strafe stellt, freien Lauf lassen und so gegen unser Gewissen verstoßen und unsere Überzeugungen verraten? Sollten wir unserem Gewissen folgen und unserer Überzeugung treu bleiben, indem wir für das kämpften, was wir für richtig hielten (...)? In diesem Zwiespalt befanden wir uns, und in solch einem Zwiespalt gibt es für ehrliche, aufrechte und verantwortungsbewußte Männer nur eine Antwort. *Sie müssen ihrem Gewissen folgen,* ungeachtet der Nachteile, die sie dafür in Kauf nehmen müssen. Wir vom Aktionsrat und besonders ich als Sekretär *folgten unserem Gewissen.*» (S. 241)

Gewissen und Gesetzesbewußtsein sind beide eins. Selbstdarstellung und Darstellung seines Volkes – beide sind nur *eine* Geschichte in *einer* Reflexion. In beiden Fällen, wie schon gesagt, nur ein einziger und doppelter Brennpunkt. Der der Bewunderung, denn dieses Gewissen tritt in Erscheinung, stellt sich dar und wird seiner selbst eingedenk, indem es sich vor dem Gesetz reflektiert. Und das heißt, was wir nicht vergessen sollten, vor dem Bewundernswerten.

Diese Erfahrung der Bewunderung ist in *doppelter Hinsicht eine innere.* Sie reflektiert die Reflexion und schöpft daraus die ganze Kraft, die sie gegen ihre abendländischen Richter wendet. Denn sie entstammt dramatischerweise einer doppelten Verinnerlichung. Mandela verinnerlicht zunächst eine Idealvorstellung des Gesetzes, das aus dem Abendland gekommen zu sein scheint und nimmt sie in sich auf. Aber er verinnerlicht zugleich auch das *Prinzip der Innerlichkeit* in der Gestalt, die das christliche Abendland ihr gegeben hat. In der Philosophie, der Politik, dem Recht und der Moral, die Europa beherrschen, trifft man auf ihre Züge: das Gesetz der Gesetze liegt im innersten Gewissen, man muß in letzter Instanz die Absicht und den guten Willen beurteilen, etc. Vor jedem juristischen oder politischen Diskurs, vor den Texten des positiven Rechts spricht das Gesetz durch die Stimme des Gewissens oder schreibt sich im Grunde des Herzens ein.

Mandela, ein Mann des Gesetzes *durch Berufung,* war es auch durch seinen Beruf. Es ist bekannt, daß er auf den Rat von Walter Sisulu, der damals Sekretär des African National Congress war, Jura studierte. Insbesondere ging es darum, das abendländische Recht zu beherrschen, diese Waffe, die gegen die Unterdrücker gewendet werden kann. Diese verkennen letztlich, trotz ihrer juristischen Kniffe, die wahre Kraft eines Gesetzes, das sie manipulieren, verletzen und verraten.

Um sich in das System und vor allem in die juristische Fakultät einschreiben zu können, beteiligt Mandela sich *schriftlich,* durch *Korrespondenz,* an den Kursen. Er will zunächst ein Diplom in den Geisteswissenschaften erwerben. Diese Episode muß hervorgehoben werden. Weil er keinen unmittelbaren Zugang zum direkten Austausch und zum «gesprochenen Wort» hat, muß er schriftlich beginnen. Mandela wird sich später darüber beklagen. Zwar in einem anderen Zusammenhang, doch es geht auch dabei um eine Politik der Stimme und der Schrift, um die Differenz zwischen der «vernehmlichen Stimme» und der Schrift, dem «gesprochenen Wort» und der «Korrespondenz».

«Unsere Erfahrung mit weißen Regierungen in diesem Land hat uns gelehrt, daß Afrikaner, die ihre Forderungen *mit so ver-*

nehmlicher Stimme vertreten, daß einige Aussicht auf Erfolg besteht, auf den gewaltsamen und unerbittlichen Widerstand der Regierung stoßen. Dies mußten wir dem afrikanischen Volk nicht erst beibringen: die Afrikaner haben es aus eigener bitterer Erfahrung gelernt. (...) Es gibt bereits Anzeichen dafür, daß die Menschen, meine Landsleute, Afrikaner, zu bewußten Gewaltakten gegen die Regierung greifen, um die Regierung in der einzigen Sprache, die sie versteht, zur Einsicht zu zwingen.

Überall in der Welt würde mir das Gericht vorhalten: ‹Sie hätten *schriftliche Eingaben* an die Regierung richten sollen.› Dieses Gericht, vermute ich stark, wird mir das nicht vorhalten. Eingaben sind gemacht worden, noch und noch, von Leuten, die inzwischen lange tot sind. Auch ich habe *korrespondiert* und Eingaben gemacht; ich möchte nicht noch einmal darauf eingehen, welche Erfahrungen wir mit diesen Eingaben gemacht haben. Das Gericht kann nicht erwarten, daß die afrikanische Bevölkerung eine besonders hohe Meinung von Eingaben und Verhandlungen entwickelt, wenn die Regierung Tag für Tag durch ihr Verhalten deutlich macht, was sie von solchen Verfahren hält. Auch wird das Gericht, so möchte ich vermuten, unter diesen Umständen nicht verlangen, daß mein Volk für immer dazu verdammt sein soll, zu schweigen und das Unrecht tatenlos hinzunehmen.» (S. 244 f.)

Um nichts hören zu müssen, verlangt die weiße Regierung, daß man ihr schreibt. Aber sie versteht es auf diese Weise, nicht zu antworten und erst gar nicht zu lesen. Mandela erinnert an den Brief, den Albert Luthuli als Präsident des ANC an Premierminister Strijdom geschrieben hatte. Er enthielt eine ausführliche Analyse der Situation und die Aufforderung zu Verhandlungen. Es gab keine Antwort.

«Das Verhalten der südafrikanischen Regierung gegenüber meinem Volk und dessen Bestrebungen war nicht immer so, wie es hätte sein sollen, und entspricht nicht immer dem Niveau, das bei ernsthaften Verhandlungen auf höchster Ebene zwischen *zivilisierten* Völkern eigentlich zu erwarten gewesen wäre. Man war noch nicht einmal so höflich, Chief Luthulis Brief durch das Büro des Premierministers bestätigen zu lassen.» (S. 240)

Die weiße Macht fühlt sich nicht verpflichtet zu antworten, sie hält sich der schwarzen Bevölkerung gegenüber nicht für verantwortlich. Diese kann sich noch nicht einmal durch ein Antwortschreiben, durch einen Austausch von Wort, Blick oder Zeichen darüber vergewissern, daß die andere Seite sich ein Bild von ihr gemacht hat, das ihr in der Folge auf irgendeine Art und Weise vermittelt wird. Denn die weiße Macht begnügt sich nicht damit, nicht zu antworten. Sie macht etwas Schlimmeres: sie bestätigt noch nicht einmal den Empfang. Nach Luthuli macht Mandela selbst diese Erfahrung. Er hatte an Verwoerd geschrieben und ihn über die Resolution informiert, die der Aktionsrat verabschiedet hatte, dessen Sekretär er damals war. Er fordert ihn dazu auf, vor dem in der Resolution angegebenen Datum eine Nationalversammlung einzuberufen. Weder eine Antwort noch eine Empfangsbestätigung:

«In einem *zivilisierten* Land würde es einen Sturm der Entrüstung hervorrufen, wenn der Verantwortliche einer Regierung *den Empfang eines solchen Briefes nicht einmal bestätigen würde;* geschweige denn, wenn er eine derartige Bitte, die an ihn von einem breiten und repräsentativen Spektrum wichtiger Persönlichkeiten und Führer der bedeutendsten Bevölkerungsgruppe des Landes gerichtet worden wäre, nicht einmal in Erwägung ziehen würde. Wieder einmal entsprach der Umgang der Regierung mit meinem Volk nicht dem Niveau, das in der *zivilisierten Welt* üblich ist. Keine Antwort, keine irgendwie geartete Reaktion war unserem Brief beschieden, nicht einmal ein Hinweis wurde gegeben, daß er überhaupt irgendwie zur Kenntnis genommen worden war. Hier standen wir, das afrikanische Volk, und besonders wir vom Nationalen Aktionsrat, dem man die ungeheure *Verantwortung* für die Wahrung der Interessen des afrikanischen Volkes übertragen hatte, und befanden uns in einem *Konflikt zwischen dem Gesetz und unserem Gewissen.*» (S. 240f.)

Den Empfang nicht bestätigen heißt, die Gesetze der Höflichkeit, aber vor allem auch der Zivilisation zu brechen: ein barbarisches Verhalten, die Rückkehr zum Naturzustand, zu einer vor-gesellschaftlichen, *vor-gesetzlichen* Phase. Warum greift diese Regierung auf eine nicht-zivilisierte Praxis zurück? Weil sie die Mehrheit des Volkes, die «bedeutendste Bevölkerungsgruppe» für nicht zivilisiert hält, für außerhalb oder jenseits des Gesetzes stehend. Der Weiße, der einseitig die Korrespondenz abbricht, achtet sein eigenes Gesetz nicht mehr. Er will nicht begreifen, daß ein Brief, den er erhält, bedeutet, daß der andere sich damit auf das Recht der Gemeinschaft beruft. Indem er sein eigenes Gesetz mißachtet, macht der Weiße das Gesetz verächtlich:

«Vielleicht wird das Gericht einwenden, daß wir zwar das Menschenrecht haben zu protestieren, Widerspruch einzulegen, uns Gehör zu verschaffen, aber daß wir dabei im Rahmen des Gesetzes bleiben müßten. Darauf, Sir, würde ich entgegnen: Die Regierung selbst und ihre Rechtsprechung bringen das Recht in diesem Land in solchen *Verruf,* daß man in diesem Land keinen besonderen Wert mehr darauf legt, *sich im Rahmen des Gesetzes* zu bewegen. Ich möchte hierzu ein Beispiel aus meiner eigenen Erfahrung anführen. Die Regierung hat das Gesetz mit dem Ziel angewandt, mich in meinem persönlichen Leben, meinem Beruf und in meiner politischen Arbeit in jeder nur erdenklichen Weise zu behindern. Das führt meiner Meinung nach notwendigerweise zu einer *Mißachtung des Gesetzes.*» (S. 245)

Diese Verachtung für das Gesetz (das genaue Gegenteil der *Achtung* vor dem moralischen Gesetz, wie Kant sagen würde) ist also nicht Mandelas Verachtung. Sie reflektiert in gewisser Weise als Anschuldigung, als Antwort, als Bestätigung die Verachtung der Weißen für ihr eigenes Gesetz. Es ist immer eine Reflexion. Jene, die ihn außerhalb des Gesetzes stellten, hatten einfach nicht das Recht dazu: sie befanden sich schon selbst außerhalb des Gesetzes. Mandela beschreibt sein eigenes Leben als Gesetzloser und analysiert und reflektiert dabei die Gesetzlosigkeit des Gesetzes, in dessen Namen er nicht vor Gericht gestellt, sondern verfolgt und vorverurteilt, von vornherein als Krimineller behandelt wurde, als hätte in diesem endlosen Prozeß *schon vor* der Untersuchung ein Prozeß stattgefunden, den man jedoch immer wieder verschiebt:

«Das Gesetz hatte mich zu einem Kriminellen gemacht, nicht wegen meiner Taten, sondern wegen meiner Überzeugung, wegen meiner Gesinnung, wegen meines Gewissens. Kann es irgendeinen überraschen, daß unter solchen Bedingungen ein Mann zu einem Ausgestoßenen aus der Gesellschaft wird? Ist es ein Wunder, daß jemand, den die Regierung für gesetzlos erklärt hat, bereit ist, das Leben eines Gesetzlosen zu führen, wie ich es nach den dem Gericht vorliegenden Beweisen jahrelang getan habe? (...) Aber es gibt Zeiten, in denen einem Menschen das Recht auf ein normales Leben verweigert wird. Er ist gezwungen, das Leben eines Ausgestoßenen zu führen, weil die Regierung das Recht mißbraucht, um ihn mit Acht und Bann zu belegen. Ich wurde in diese Lage gebracht...» (S. 246–247)

Mandela beschuldigt also die weißen Regierungen, niemals zu *antworten*, während sie zugleich von den Schwarzen verlangten, sie sollten schweigen und «schriftliche Eingaben» machen, korrespondieren: begnügt euch mit der Korrespondenz und damit, allein zu korrespondieren!

Ironie des Schicksals: nach seiner Verurteilung wird Mandela im Stadtgefängnis von Pretoria 23 Stunden pro Tag isoliert. Er wird damit beschäftigt, Postsäcke zu nähen.

4

Durch Berufung ein Mann des Gesetzes, bezieht Mandela auch die Gesetze seines Berufes, die Standesregeln der Rechtsanwälte sowie deren Wesen und Widersprüche in die Reflexion ein. Wie konnte dieser Anwalt, der durch die «Standesregeln an die Einhaltung der Gesetze und die Beachtung der Sitten und Gebräuche des Landes» gebunden ist, eine Kampagne führen und zum Streik gegen die Politik dieses Landes aufrufen? Er selbst stellt sich diese Frage vor seinen Richtern. Um sie zu beantworten, muß er auf seine Lebensgeschichte zurückkommen. Die Entscheidung darüber, ob man sich den Standesregeln entsprechend verhält oder nicht, betrifft nicht nur diese Regeln *als solche*. Die Frage «wie geht man mit den Standesregeln um?, soll man sich an sie halten oder nicht?» ist keine rein berufliche Frage. Man beantwortet diese Frage mit einer Entscheidung, die die ganze Existenz mitsamt ihren moralischen, politischen, geschichtlichen und anderen Dimensionen einbezieht. Um die Überschreitung einer beruflichen Regel zu erklären oder vielmehr zu rechtfertigen, muß er in gewisser Weise sein Leben erzählen:

«Um dem Gericht meine Beweggründe nahezubringen, die mich zu einer solchen Aktion geführt haben, muß ich auf meine eigene politische Entwicklung eingehen und das Gericht mit den Faktoren vertraut machen, die meine Entscheidung beeinflußt haben. Vor vielen Jahren, als ich noch ein Junge war, der in einem Dorf in der Transkei aufwuchs...» (S. 234)

Geht Mandela mit den beruflichen Verpflichtungen leichtfertig um? Nein, er versucht seinen Beruf, der kein Beruf wie jeder andere ist, gedanklich zu erfassen. Er reflektiert die Deontologie dieser Standesregeln, den tieferen Sinn und den Geist, der ihnen zugrunde liegt. Und er entschließt sich, wiederum aus bewunderndem Respekt, zu einem Bruch, und zwar im Namen einer verpflichtenden Ethik der Ethik, die auch eine Ethik jenseits der beruflichen Ethik, ein Gesetz jenseits der Legalität ist. Aber das Paradoxe an dieser Reflexion (eine Ethik *der* Ethik), die über das *hinausgeht,* was sie reflektiert, liegt darin, daß die Verantwortlichkeit ihren Sinn erst *im Inneren* der beruflichen Verordnungen wiedergewinnt. Sie schreibt sich dort ein, weil Mandela sich scheinbar gegen das Gesetz dazu entschließt, seinen Beruf dort auszuüben, wo man ihn daran hindern wollte. Als «Anwalt, der dieses Namens würdig ist», verstößt er innerhalb des *Gesetzes gegen das Gesetz,* wobei er das Gesetz reflektiert, aber dabei etwas sichtbar macht, was das gültige Gesetz unlesbar gemacht hatte. Ein weiteres Mal legt seine Reflexion frei, was die Phänomenalität noch verbarg. Sie re-produziert nicht, sondern bringt das Sichtbare hervor. Dieses Hervorbringen von Klarheit ist die – moralische oder politische – Gerechtigkeit. Denn das Verbergen hinter den Phänomenen darf nicht mit einem natürlichen Vorgang verwechselt werden; es ist nichts Neutrales, Unschuldiges oder Schicksalhaftes daran. Es ist in diesem Fall der Ausdruck der politischen Gewalt der Weißen, es hängt mit ihrer Interpretation der Gesetze zusammen, mit diesen Auswucherungen juristischer Verordnungen, deren Buchstabe dem Geist des Gesetzes widerspricht. Mandela zum Beispiel kann wegen seiner Hautfarbe und seiner Zugehörigkeit zum ANC keine Büroräume in der Stadt mieten. Im Unterschied zu jedem weißen Anwalt braucht er dafür eine spezielle Erlaubnis der Regierung, wie sie dem *Urban Areas Act* entspricht. Diese Erlaubnis wurde verweigert. Dann gab es eine vorübergehende Erlaubnis, die nicht verlängert wurde. Mandela soll nun in einer abgelegenen afrikanischen Siedlung praktizieren, die für alle, die seinen Rat suchen, nur schwer zu erreichen ist:

«Genausogut hätte man uns auffordern können, unsere Rechtsanwaltspraxis aufzugeben und jeden Rechtsbeistand für unsere Landsleute einzustellen – etwas, wofür wir jahrelang studiert hatten. Kein Anwalt, *der dieses Namens würdig ist*, wird einem solchen Ansinnen leichten Herzens zustimmen. Einige Jahre behielten wir daher unsere Rechtsanwaltskanzlei in der Stadt illegal bei. Ausweisung und Strafverfolgung schwebten während dieser Zeit ständig wie ein Damoklesschwert über uns. Wir hatten uns *einer Mißachtung des Gesetzes schuldig gemacht*. Wir waren uns dessen bewußt; aber trotzdem waren wir zu dieser Tat gegen unseren Willen gezwungen worden, und wir mußten uns zwischen dem Gesetz und unserem Gewissen entscheiden. (...) Ich glaubte, es nicht nur meinem Volk, sondern auch meinem Beruf, der Rechtsprechung und der *Gerechtigkeit im allgemeinen* schuldig zu sein, gegen diese Diskriminierung zu protestieren, da diese von Grund auf ungerecht ist und allen Rechtsprinzipien widerspricht, die zur Tradition der juristischen Ausbildung in diesem Lande gehören.» (S. 237–238)

Ein Mann des Gesetzes durch Berufung: man würde die Dinge sehr vereinfachen, wenn man sagen würde, daß er die Achtung vor dem Gesetz und eine Art von kategorischem Imperativ über die juristischen Standesregeln stellt. Der «Beruf des Juristen» ist kein Metier wie jedes andere. Man könnte sagen, daß er das zum Beruf macht, worauf wir alle auch außerhalb des Berufs verpflichtet sind. Ein Jurist ist ein Experte der Achtung oder der Bewunderung, der sich mit größerer Strenge beurteilt oder beurteilen läßt. Zumindest sollte er das tun. Mandela muß also *im Inneren* der beruflichen Standesregeln die beste Begründung für eine Gesetzesübertretung der Rechtsvorschriften finden, die den Prinzipien jeder *gerechten* Standesregel bereits zuwider gehandelt hatten. Auf diese Weise, durch Reflexion, mußte er die Standesregeln dort, wo die Weißen offenbar versagt hatten, verbessern, ergänzen, rekonstruieren und erweitern.

Zweimal gesteht er also eine gewisse «Mißachtung des Gesetzes» ein (dies ist jeweils sein Ausdruck), um seinen Gegnern den Spiegel vorzuhalten, in dem sie ihre eigene Mißachtung des Gesetzes erkennen und reflektiert sehen müssen. Jedoch mit einer *zusätzlichen Verkehrung*: in Mandelas Fall bedeutet die scheinbare Mißachtung ein Mehr an Achtung vor dem Gesetz.

Und dennoch klagt er seine Richter nicht an, zumindest nicht unmittelbar in dem Augenblick, in dem er vor dem Gericht erscheint. Zu Beginn der Verhandlung hat er dessen Befugnis natürlich abgelehnt: zum einen gehörte dem Gericht nicht ein einziger Schwarzer an, und seine Zusammensetzung bot daher nicht die notwendigen Garantien für Unabhängigkeit («Die südafrikanische Regierung behauptet, daß die Menschenrechtscharta in diesem Lande gültig ist. Aber die Wahrheit sieht so aus, daß es tatsächlich in diesem Land, für unser Volk, keine wie auch immer geartete Gleichheit vor dem Gesetz gibt»); zum anderen stellte es sich heraus, daß der Vorsitzende zwischen den Sitzungen in Kontakt mit der politischen Polizei stand. Aber als er dann vor seinen Richtern steht (sein Antrag auf Befangenheit wurde natürlich abgelehnt), macht er den Prozeß nicht zum Tribunal für das Gericht. Zunächst weil er im Innersten immer noch eine respektvolle Bewunderung für die Würde einer Gerichtsverhandlung und für jene empfindet, die eine in seinen Augen beispielhafte Funktion ausüben. Außerdem ermöglicht es ihm seine Achtung vor den Regeln, die ideale Legitimität einer Instanz zu bestätigen, vor der er auch *erscheinen* will. Er will die Gelegenheit, ich möchte nicht noch einmal sagen: die Chance dieses Prozesses nutzen, um zu *sprechen*, um seiner Rede einen *öffentlichen* und potentiell universellen Resonanzraum zu geben. Diese Richter müssen eine universelle Instanz repräsentieren. Dann kann er sich an sie wenden und dabei über ihre Köpfe hinweg sprechen. Dieses doppelte Dispositiv ermöglicht es ihm, den Sinn seiner Geschichte, seiner eigenen und der seines Volkes, zusammenzufassen, um ihn in einem zusammenhängenden Bericht zu artikulieren. Das Bild dessen, was seine Geschichte mit der seines Volkes verknüpft, muß sich in diesem doppelten Brennpunkt bilden, der es zugleich aufnimmt, wiederaufnimmt, indem er es zusammenfaßt und aufbewahrt, ja vor allem aufbewahrt: die anwesenden Richter, die Mandela zuhören, und hinter ihnen, sehr hoch und sehr weit über ihnen, das universelle Tribunal. Und in einem Moment erkennen wir den Mann und den Philosophen dieses Tribunals wieder. Einmal also wird es den Diskurs im gesprochenen Wort *und* in der Korrespondenz gegeben haben, im geschriebenen Text seines Plädoyers, das auch eine Anklagerede ist: sie ist bei uns angekommen, hier ist sie, wir lesen sie gerade in diesem Moment.

5

Ist dieser ebenso einzigartige wie exemplarische Text ein *Testament*? Was ist aus ihm in über zwanzig Jahren geworden? Was hat die Geschichte aus ihm gemacht, und was wird sie aus ihm machen? Was wird aus dem Beispiel werden? Und aus Mandela selbst? Seine Kerkermeister wagen es, von einem Austausch zu sprechen, seine Freiheit zu verkaufen! Aus seiner und Sacharows Freiheit einen Handel zu machen!

Es gibt mindestens zwei Arten, ein Testament aufzunehmen – und zwei Bedeutungen des Wortes, kurz gesagt, zwei Empfangsbestätigungen. Man kann das Gewicht auf denjenigen legen, der nur *Zeugnis* über eine Vergangenheit ablegt und weiß, daß er dazu verurteilt ist, etwas zu reflektieren, was nicht wiederkehren wird: eine Art von Abendland ganz allgemein gesehen, das Ende einer Strecke, die auch ein Strahl aus einer Lichtquelle ist, der Abschluß einer Epoche, zum Beispiel des christlichen Europa (Mandela spricht dessen Sprache, er ist auch ein christlicher Engländer). Bei der anderen Gewichtung aber, und da das Testament immer vor Zeugen gemacht wird, vom Zeugen vor Zeugen, soll es auch anderen die Verantwortung für eine Zukunft anvertrauen. Zeugnis ablegen, testieren, beglaubigen, anfechten, sich vor Zeugen präsentieren, das bedeutete für Mandela nicht nur, sich zu zeigen, sich und sein Volk zu erkennen zu geben, es hieß auch, das Gesetz zu re-instituieren, als ob es im Grunde nie dagewesen sei. Als ob es, da es niemals geachtet wurde, diese uralte Sache geblieben sei, die niemals gegenwärtig war, die Zukunft selbst – noch unsichtbar.

Diese beiden Gewichtungen widersprechen sich nicht, sie treffen sich in der Beispielhaftigkeit des Beispiels, wenn es die Achtung vor dem Gesetz berührt. Die Achtung für eine Person, sagt Kant, gilt vor allem dem Gesetz, für das die Person uns nur das Beispiel ist. Genaugenommen kommt die Achtung ausschließlich dem Gesetz zu, das ihre einzige Ursache ist. Und dennoch, so will es das Gesetz, sollen wir den anderen um seiner selbst willen, in seiner unersetzbaren Einzigartigkeit achten. Es ist richtig, daß der andere als Person oder vernunftbegabtes Subjekt gerade durch seine Einzigartigkeit die Achtung vor dem Gesetz bezeugt. In diesem Sinne ist er beispielhaft. Und er reflektiert, derselben Perspektive entsprechend, das Gesetz der Bewunderung und der Achtung, dieser Figuren des Blickes. Mancher könnte versucht sein, in Mandela den Zeugen und Märtyrer der Vergangenheit zu sehen, der sich von der abendländischen Optik und den Machinationen ihres Spiegeldispositivs hat einfangen (und buchstäblich gefangennehmen) lassen. Wir meinen, daß er nicht nur das Gesetz verinnerlicht hat, sondern auch das Prinzip der Innerlichkeit in seiner testamentarischen (christlichen, rousseauistischen, kantianischen) Tradition.

Aber man kann auch das Gegenteil behaupten: in einer einzigartigen geopolitischen Konstellation, in dieser extremen Zusammenballung der ganzen Menschheitsgeschichte, die sich heute an Orten oder Problemen zeigt, die beispielsweise «Südafrika» oder «Israel» heißen, läßt seine Reflexion das Versprechen auf das durchblicken, was in einem Gesetz, das sich im Abendland, an der Grenze des Abendlandes nur gezeigt hat, um sich gleich wieder zu verbergen, noch nie zu hören oder zu sehen war. Was sich an diesen sogenannten «Orten» entscheidet – sie sind auch starke Metonymien – könnte alles entscheiden, und wenn es das noch gäbe – über das Ganze.

Die beispielhaften Zeugen sind nun häufig solche, die zwischen dem Gesetz und den Gesetzen unterscheiden, zwischen der Achtung vor dem Gesetz, das unmittelbar zum Gewissen spricht, und der Unterordnung unter das positive (historische, nationale, instituierte) Gesetz. Das Gewissen ist nicht nur Erinnerung, sondern auch Versprechen. Die beispielhaften Zeugen, jene, die das Gesetz, das sie reflektieren, zum Gegenstand des Denkens machen, sind in bestimmten Situationen auch diejenigen, die *die Gesetze nicht achten.* Manchmal sind sie zwischen dem Gewissen und den Gesetzen hin- und hergerissen, manchmal lassen sie sich von den Gerichten ihrer Länder verurteilen. Und es gibt sie in *allen Ländern,* was der Beweis dafür ist, daß der Ort der Erscheinung oder der Formulierung für das Gesetz auch der Ort der ersten Entwurzelung ist. *In allen Ländern also,* zum Beispiel noch einmal in Europa, zum Beispiel in England, zum Beispiel unter den Philosophen. Das Beispiel, das Mandela gewählt hat, der beispielhafteste Zeuge, den er vor die Schranke zu rufen scheint, ist ein englischer Philosoph, ein Peer des Königreichs (wiederum die Bewunderung für die höchsten Formen der parlamentarischen Demokratie!), der «am meisten geachtete Philosoph des Westens», der in bestimmten Situationen das Gesetz nicht achtete, der das «Gewissen», die «Verantwortung», den «Glauben an die gerechte Sache» über die «Achtung vor dem Gesetz» stellte. Er hat es aus Achtung nicht mehr geachtet. Ein Mehr an Achtung. Achtung um der Achtung willen. Kann man ein optisches Modell nach dem einrichten, was eine solche Möglichkeit verspricht?

Bewunderung von Mandela – für Bertrand Russell:

«Euer Ehren, man muß sagen, daß das Leben selbst jeden denkenden Afrikaner dieses Landes in einen ständigen Konflikt treibt zwischen seinem Gewissen auf der einen Seite und dem

Gesetz auf der anderen. Das ist kein Konflikt, der diesem Land eigentümlich ist. Alle Menschen, die ein Gewissen haben, Menschen, die nachdenken, tiefgehende Gefühle haben, haben in jedem Land diesen Konflikt. Kürzlich wurde in Großbritannien ein Peer, Bertrand Russell, wahrscheinlich der *am meisten geachtete* Philosoph des Westens, wegen genau der Taten, deretwegen ich jetzt vor Ihnen stehe, angeklagt und verurteilt. Er hatte aus Gewissensgründen gegen das Gesetz verstoßen, aus Protest gegen die Nuklearpolitik seiner eigenen Regierung. Er stellte seine Verantwortung gegenüber der Allgemeinheit, die gerechte Sache, für die er eintrat, *über seine Treue zum Gesetz*. Er konnte nicht anders handeln, als gegen das Gesetz zu verstoßen und die Folgen auf sich zu nehmen. Auch ich kann nicht anders handeln. Ebensowenig wie viele Afrikaner in diesem Land. Das Recht, so wie es angewandt wird, wie es sich in einem langen historischen Prozeß entwickelt hat, und besonders das von der Nationalistischen Regierung geschriebene und entwickelte Recht, ist ein Recht, das unserer Meinung nach unmoralisch, ungerecht und unerträglich ist. Unser Gewissen schreibt uns vor, daß wir dagegen protestieren müssen und daß wir versuchen müssen, es zu ändern.» (S. 239)

Sich dem Gesetz widersetzen, jetzt daran arbeiten, es zu verändern: wenn man diese Entscheidung einmal getroffen hat, kann man nicht willkürlich und regellos zur Gewalt greifen. Mandela erklärt die Strategie, die Grenzen, die durchdachte und kontrollierte allmähliche Steigerung sehr genau. Es gab zunächst eine Phase, in der jede legale Opposition verboten war, die Gesetzesübertretungen aber dennoch gewaltlos bleiben sollten:

«Wir standen vor der Entscheidung, uns entweder mit dem Zustand der Unterlegenheit auf ewig abzufinden oder der Regierung den Kampf anzusagen. Wir entschieden uns für die Bekämpfung der Gesetze. Zuerst brachen wir das Gesetz in einer

Weise, die jede mögliche Gewaltanwendung ausschloß.» (S. 255)

Noch die Gesetzesverletzung zeigt eine uneingeschränkte Achtung vor dem vermeintlichen Geist der Gesetze. Aber es war unmöglich, dabei zu bleiben. Denn die Regierung erfand neue Gesetzesverordnungen, um diese gewaltlosen Herausforderungen zu unterdrücken. Angesichts dieser gewaltförmigen Antwort, die zugleich eine Nicht-Antwort war, war der Übergang zur Gewalt seinerseits die einzig mögliche Antwort. Eine Antwort auf die Nicht-Antwort:

«Erst als Gesetze erlassen wurden, um diese Widerstandsform unmöglich zu machen und die Regierung zu offener Gewaltanwendung überging, um jede Opposition gegen ihre Politik zu zerschlagen, faßten wir den Beschluß, Gewalt mit Gewalt zu beantworten.» (S. 255 f.)

Aber auch die Gewalt bleibt noch einem strengen Gesetz unterworfen, ist eine «sorgfältig kontrollierte Gewalt». Mandela besteht darauf, er unterstreicht diese Worte, als er im April 1964 die Entstehung von *Umkhonto we Sizwe* (Speer der Nation) erklärt. Als er diese Kampforganisation gründet, tut er es in der Absicht, sie den politischen Direktiven des ANC zu unterstellen, einer Organisation, deren Satzung das Prinzip der Gewaltfreiheit festhält. Mandela beschreibt vor seinen Richtern ausführlich deren Aktionsformen, die Strategie und Taktik, vor allem aber die Grenzen, die den mit Sabotageakten beauftragten Kämpfern gesetzt waren: weder bei der Vorbereitung noch bei der Durchführung der Operationen Menschen zu verletzen oder zu töten. Die Kämpfer durften nicht bewaffnet sein. Er gibt zwar zu, «Sabotageakte geplant zu haben», jedoch nicht aus «Leichtsinn» oder weil er «die Gewalt liebte». Er wollte im Gegenteil den sogenannten Kreislauf der Gewalt unterbrechen, in dem eine Seite die andere mitreißt, weil sie auf sie antwortet, sie reflektiert und ihr ihr eigenes Bild widerspiegelt. Mandela wollte das Risiko einer Explosion eindämmen, indem er die militanten Aktionen unter Kontrolle behielt und von einer «nüchternen und sorgfältigen Einschätzung der politischen Situation» (S. 254) ausging.

Im August 1962, vier Monate nach der Gründung von *Umkhonto,* wird er verhaftet. Im Juni 1964, bei Abschluß des Prozesses von Rivonia, wird er zu lebenslänglicher Haft verurteilt.

PS. Das Postskriptum ist für die Zukunft – die heute äußerst ungewiß erscheint. Denn ich wollte natürlich von der Zukunft Nelson Mandelas sprechen, von der Zukunft dessen, was sich von keinem Spiegel vorhersehen, auffangen, gefangennehmen läßt. Wer ist Nelson Mandela?

Man wird ihn immer bewundern, ihn und seine Bewunderung. Aber man weiß noch nicht, wen in ihm man bewundern soll, jenen, der in der Vergangenheit in seiner Bewunderung gefangen war, oder jenen, der in einer zurückliegenden Zukunft immer frei gewesen ist (der freieste Mann der Welt, und das sollten wir nicht leichthin sagen), weil er die Geduld seiner Bewunderung besaß und sich leidenschaftlich bewußt war, was er bewundern mußte. So sehr, daß er eben noch eine Freiheit unter Auflagen abgelehnt hat.

Hätte man ihn vor fast einem Vierteljahrhundert auch in seiner Bewunderung einfangen können? War dies nicht das eigentliche *Motiv* und *Objektiv* – wenn man es im Sinne der Fotografie und der optischen Maschine versteht –, das Recht auf den Blick? Hat er sich einkerkern *lassen*? War das ein Zufall? Vielleicht muß man sich auf einen Standpunkt stellen, von dem aus die Alternativen ihren Sinn verlieren und ein Grund zu neuen Fragen werden. Diese Fragen dann offenlassen, wie Türen. Und was in diesen nicht abgeschlossenen Fragen, die keine bloß theoretischen oder philosophischen Fragen sind, zukünftig bleibt, noch kommen muß, ist auch die Gestalt Mandelas. Wer ist er?

Wir haben ihn durch Worte hindurch gesehen, die manchmal auch Observationsapparate sind, oder es doch jedenfalls werden können, wenn man sich nicht vorsieht. Was wir beschrieben haben, wobei wir gerade die Spekulation und Spiegelung zu vermeiden versuchten, ist eine Art von Aussichtsturm, eine große historische Gestalt. Aber nichts erlaubt es uns, die Einheit für gesichert zu halten, und noch weniger die Legitimität dieser Optik der Reflexion, ihrer einzelnen Gesetze, *des* Gesetzes, des Ortes, an dem es instituiert, präsentiert und sichtbar wird, zum Beispiel an dem Ort, den man allzu schnell unter der Bezeichnung Abendland zusammenfaßt. Aber erzeugt diese Annahme einer Einheit nicht eine Art von Wirkung (ich bestehe nicht auf diesem Wort), die sehr viele Kräfte sich immer anzueignen versuchen? Eine sichtbare und unsichtbare Wirkung, wie ein Spiegel, aber auch fest wie die Mauern eines Gefängnisses?

Alles, was Nelson Mandela noch vor uns verbirgt.

Aus dem Französischen von
Gabriele Ricke und Ronald Voullié

NADINE GORDIMER Unsere letzte Hoffnung

Seit Juni 1964 ist Nelson Mandela im Gefängnis. Seit über 20 Jahren sind seine Reden und Schriften in Südafrika gebannt; weder seine Stimme noch seine Worte können sein Volk erreichen. Wenn sein Foto in Zeitungen erscheint, ist es das Bild eines viele Jahre jüngeren Mannes.

Eine ganze Generation ist herangewachsen, während er im Kerker saß, zuerst auf der Gefängnisinsel vor Kapstadt, dann in einem Gefängnis auf dem Festland. Aber es gibt kein schwarzes Kind, dessen Gesicht bei der Erwähnung seines Namens nicht augenblicklich Erkennen zeigt. Und es gibt wenig Weiße – junge wie alte, Feinde der schwarzen Einheit wie ihre Verfechter –, die nicht wissen, wer dieser Mann ist.

Nelson Mandela ist in Südafrika gegenwärtig. Sein Körper ist hinter Mauern versteckt; seine Existenz haben sie nie auslöschen können. Sein Volk hat ihn nie als eine Gestalt der Vergangenheit geehrt, sondern als *die* Personifizierung der Zukunft, die nicht vom Wassergraben des Atlantischen Ozeans um Robben Island eingeschlossen werden kann und auch nicht von den Hochsicherheitstrakten irgendeines anderen Gefängnisses im Lande. Sein Name kommt im alltäglichen Gespräch vor, er wird angeführt, wo immer Menschen zusammenkommen, um Widerstand gegen Rassismus und Unterdrückung zu leisten, er wird gerufen und gesungen, um Kraft im Leid zu geben und Mitgefühl im Feiern auszudrücken. Als Bischof Desmond Tutu im zwanzigsten Jahr von Mandelas Einkerkerung der Friedensnobelpreis verliehen wurde, sagte er, er nehme ihn für

Mandela entgegen, für alle Gefangenen aus Gewissensgründen und für all die gewöhnlichen schwarzen Leute, deren Arbeitgeber noch nicht einmal ihre Namen kennen. Für die gewöhnlichen Leute, ob sie nun den African National Congress unterstützen oder nicht, ist Nelson Mandela der Mann *Jeden Jahres*. Wenn Mandela in diesem Jahr freigelassen werden sollte, um den Platz einzunehmen, den er zwischen uns gehalten hat, würde er unsere letzte Hoffnung auf ein friedliches Ende der Apartheid mitbringen.

Aus dem Englischen von Karin Graf

NADINE GORDIMER «Burgers Tochter» Auszug

Sie wohnte überhaupt nicht in einer offiziellen Vorstadtsiedlung, sondern in einem dieser unabgegrenzten Gebiete zwischen Wohnheimen für schwarze Arbeiter und den Schutthalden der Bergwerke am Stadtrand. Kleine Industriebetriebe haben die Grundstücke von aufgegebenen Goldminen übernommen, die Gruben sind Massengräber für Autowracks und Maschinenteile, die alten Pfefferbäume bieten Schnapsbuden Schatten, und Prostituierte legen sich für Kunden in den Sand der Halden. Da gab es noch Maulesel von Hausierern, angebunden auf abgegrasten Rändern des mit Blech übersäten *veld;* eine kleine Wellblechkirche mit zerbrochenen Fenstern, und ein halb abgehackter Pfirsichbaum, als Brennholz; in verlassenen Cottages, die einst weißen Bergleuten gehört hatten, und in den Höfen zwischen Hütten aus Baumaterial, das in dem niedergewalzten Bergwerksgelände ergattert worden war, und den Backsteinmauern von Lagerhäusern – in diesem von der weißen Stadt für unbewohnbar erklärten und aufgegebenen Gebiet leben Menschen. Das war der «Ort», von dem sie mir versicherte, es sei der richtige und ich könne irgendwo halten bei dem Zickzack, den ich zwischen *dongas* und Findlingen auf dem Weg fuhr, den Ziegel, Blech und Rauch hart machten. Gott werde mich segnen; damit verschwand sie mit ihrem schwerfälligen Gang von einer Seite zur anderen zwischen Fahrrädern und Taxis mit Schlagseite hindurch, die sie anhupten. Vielleicht wohnte sie in Wirklichkeit gar nicht da – sie sah viel zu respektabel aus für diese Art von Lasterhöhlen, die vom Verkauf von Sex und Getränken an Fabrikarbeiter und Eisenbahner vom Rangierbahnhof lebten. Es läßt sich nicht feststellen; und Floras weiße Frauen können sich unmöglich vorstellen, wo in aller Welt sie herkommen, diese adretten schwarzen Frauen, die sie in Floras Haus treffen. Wahrscheinlich dachte die alte Mammi, sie sollte es ausnützen, wenn sie schon einen Wagen mit Fahrer hatte, und eine abgelegen wohnende Freundin besuchen – warum nicht?

Ich war meilenweit entfernt von Marisas Wohnung und dem «Ort» ihres Vetters Fats, von dem ich jemanden ausschicken könnte, um zu sehen, ob ich über Hinterhöfe in ihr Haus schlüpfen könnte. Ich war nicht einmal sicher, wie ich durch die Siedlung kommen könnte, ohne wieder bis zur Stadt zurückzufahren. Da war eine Frau mit einer Büchse voll glühender Kohle, die geröstete *mealies* verkaufte, und ich stieg aus, um sie nach dem Weg zu fragen. Sie wußte ihn nicht. Orlando hätte am anderen Ende der Welt sein können. Die von den Kolben abgestreiften gerippten, papierdünnen Hülsen bildeten eine dicke Matte um sie herum, die mir unter den Sohlen meiner Schuhe so vorkam wie damals, als Tony, die andere Marie und ich barfuß mit schwarzen Farmkindern um die Dreschmaschine auf Onkel Coens Farm herumstolzierten. Ich machte mich jetzt zu einer Bande schwarzer Kinder und Jugendlicher auf, die kleinen tanzten und sprangen zwischen aufgeregten Hunden herum, um ein Rad mit Widderhorn-Rennlenker zu befühlen, auf dem ein junger Bursche saß inmitten von anderen Jugendlichen, die Zigaretten und eine kleine Flasche mit irgendwas, in braunes Papier eingewickelt, herumgehen ließen. Ich rief sie an, aber sie lachten nur schrill und pfiffen, womit einer attraktiven Frau Bewunderung gezollt wird. Ich kam näher – lächelnd, nein, seid mal einen Augenblick ernst, sagt mir – ich hörte, daß etwas hart auf Metall aufschlug, und sah einen Stein fallen, der meinen alten Wagen getroffen hatte. Ich fuhr weg, während sie weiter lachten und schrien, als wäre ich zugleich eine Beute und ein Mädchen zum Anmachen. Ich schlug tief ausgefahrene Radspuren ein, die über das *veld* offenbar zu einer in der richtigen Richtung ansteigenden Straße führten. Der Buckel von totem Gras in der Mitte schleifte unter dem Wagen, und ab und zu scharrte die Ölwanne auf harter Erde. Der Weg nahm kein Ende. Ich hatte mich verfangen im Gegensystem von Verkehrswegen, das auf keiner Straßenkarte erscheint und Zugang zu «Orten» bietet, die man auf keinem Plan der Stadt und ihrer Umgebung findet. Ich war eigensinnig, überzeugt, der Weg werde von einem gekreuzt, der irgendwo zur Hauptverkehrsstraße führt; einen halben Kilometer *veld*-einwärts war ein Friedhof, die gemieteten Busse ragten empor wie plötzlich auftauchende Gebäude, und die Masse schwarzer Menschen und schwarzer Regenschirme, die wie dunkle Getreidegarben auf dem fahlen, offenen *veld* standen, deutete auf eine Samstagsbeerdigung hin. Ich näherte mich gerade einer unbefestigten Straße ohne Verkehrsschilder, als einer dieser Eselskarren, die sich auf den Strecken zwischen Orten, die es nicht gibt, noch erhalten haben, auf einem Weg von der anderen Seite herankam. Der automatische Reflex eines Autofahrers veranlaßte mich, mein Tempo zu verringern, denn der Karren konnte einbiegen, ohne die Geschwindigkeit eines Autos einzukalkulieren. Aber etwas war merkwürdig an der Silhouette von Esel, Karren und Kutscher; trotz krampfhafter Erschütterungen kam der Karren nicht näher. Als ich dicht heranfuhr, sah ich eine Frau und ein Kind unter Säcken vergraben, ihre Köpfe schnellten ruckweise hoch; der Kutscher in zerrissenen Hosen stand unsicher und breitbeinig auf dem Karren. Plötzlich wölbte sich sein Körper nach hinten, ein Arm gen Himmel gereckt, dann kippte der Mann nach vorn, als ob ihn ein Schuß getroffen hätte, und in diesem Augenblick wurde der Esel von einem Krampf befallen, der seine vier Beine und den Kopf nach hinten in einer Schlaufe zur Körpermitte hin zusammenzog und dann Kopf und Extremitäten wieder auseinanderschleuderte; und wieder verbeugte sich der Mann heftig, und wieder krümmte sich das Tier zusammen und flog auseinander.

Ich sah die Peitsche nicht. Ich sah Qual. Qual, die von einem schrecklichen Zentrum innerhalb der Gruppe von Esel, Karren, Kutscher und Leuten hinter ihm ausging. Sie bildeten ein einziges Objekt, das sich in der Hoffnungslosigkeit einer scheußlichen letzten Energie zusammenzog. Da ich die Peitsche nicht sah, sah ich die Zufügung von Schmerz getrennt von dem Willen, der ihn hervorruft; freigesetzt, eine Kraft, die aus sich selbst heraus besteht, Schändung ohne Schänder, Folter ohne Folterknecht, blindes Wüten, schiere Grausamkeit, nicht mehr beherrschbar von den Menschen, die Tausende von Jahren damit verbracht haben, sie zu ersinnen. Die ganze Erfindungsgabe, angefangen mit Daumenschrauben und Folterbank bis hin zum Elektroschock, die unendliche Vielfalt und Abstufung des Leidens durch Prügel, durch Furcht, durch Hunger, durch Einzelhaft – die Konzentrations- und Arbeitslager, Umsiedlung, das Sibirien des Schnees und das der Sonne, das Leben von Mandela, Sisulu, Mbeki, Kathrada, Kgosana, den Möwen zur Gesellschaft auf der Insel, Lionel, zum Skelett abgemagert, von zwei Wärtern gestützt, die Todesfälle durch Folter, Körper, die von hoch oben auf den John Vorster Square stürzen, Todesfälle durch Austrocknung, Babies in den «Orten» der Verbannung ausgeweidet durch Enteritis, die Lampen, die die ganze Nacht die Gesichter der Inhaftierten bescheinen – Conrad, ich zitiere dich herbei, ich hole dich zurück von dort, wo immer du bist, damit du mich anhörst – du weißt nicht, was ich sah, was es zu sehen gibt, du *wirst* es nicht sehen, du bist zur Ruhe gekommen auf einem leeren Meer.

Erst als ich auf gleicher Höhe mit dem Karren war, das *veld* zwischen uns, erkannte ich die Peitsche. Der Esel schrie nicht. Warum gab er nicht dieses tierische Schnauben und den schrillen Marterschrei von sich, die ich schon von Eseln gehört habe, wenn auch nicht vor Schmerz, sondern in der Brunst? Er schrie nicht.

Immer wieder war er geschlagen worden. Schmerz war kein Schock, aus den Deichselarmen kann man nicht heraus. Dieser zerlumpte schwarze Mann war alt, man sah es an der Stellung seiner Beine, dem struppigen Bart, der unter einem alten Hut zu sehen war wie ein formloser Kegel. Mein Wagen rollte aus und hielt weiter weg von dem, was ich sah; er entzog sich einfach dem Druck meines Fußes und brachte mich nicht weiter. Ich saß da, den Kopf scharf gedreht, die Schultern hochgezogen bis zu den Ohren gegen die Schläge. Und dann setzte ich den Fuß aufs Pedal und fuhr weiter, wie betrunken über die Straße schaukelnd, hielt an, um zurückzuschauen, während das Schlagen weiterging, die Kraft da, Karren, verängstigte Frau und Kind, Esel und Mann, scheuten und bockten zickzack unter der Peitsche. Ich brauchte den Wagen nur auf der leeren Straße zu wenden und an diesen verrückten Fries gegen den Sonnenuntergang heranfahren, der meine Augen verwirrte. Als ich hinüberblicke, konnte ich nur die sich krümmende dunkle Gestalt sehen, durch deren Lücken sich Scheinwerferstrahlen aus blendendem, hellem Staub bohrten. Das Ding war wie eine Explosion. Ich brauchte nur auf die Szene zuzurasen mit meinem Wagen und meiner weißen Autorität. Ich hätte schreien können, ehe ich auch nur ausstieg, schreien, er solle aufhören! Und dann hätte ich da vor ihnen gestanden, unausweichlich, Zorn und Recht, Macht, vor ihnen, der ängstlichen Frau und dem Kind, dem betrunkenen, brutalen Mann, mit meinem Wissen, wie man sie der Polizei überantwortet, damit er strafrechtlich verfolgt werde, wie er es verdiente und wie er es werden sollte, damit ihm die arme, leidende Kreatur weggenommen wird, die er mißhandelt hat. Ich konnte alles, was sie waren, als die Tat darstellen, deren Zeuge ich gewesen war; ihr Leben würde schließlich offiziell durch mich, die weiße Frau, mit wenigen Worten zusammengefaßt werden – die endgültige Bedeutung eines Tages, von dem ich nicht wußte, wie sie ihn verbracht hatten, ein Tag, an dem sich noch andere schreckliche Dinge ereignet hatten, Gewalttätigkeit, Katastrophen, dringende Not, Entbehrungen, der plötzlich das werden würde und nur war, wozu er geführt hatte: der

Mann unter ihnen schlug ihren Esel. Ich hätte dem Einhalt gebieten können, dem Jammer; in dem Augenblick, als ich es mitansah. Was kann man sonst tun? Ein alter Mann dieser Art, diese Leute, die nur so leben, wie sie es verstehen, an dem «Ort», der nicht auf der Landkarte steht, sie würden vor mir Angst haben. Ich hätte ihnen Einhalt gebieten können bei dem, was sie taten, ohne Gefahr für mich. Niemand hätte einen Stein geworfen. Vor der Peitsche war ich sicher. Ich hätte zwischen ihnen und dem Leiden stehen können – dem Leiden eines Esels.

Kaum hätte ich mich vor ihnen aufgebaut, wäre es wieder zu genau dem geworden, was es war – der Schmerz eines Esels.

Ich fuhr weiter. Ich weiß nicht, in welchem Augenblick es für mich sinnvoll ist zu intervenieren. Die Frau, die jede Woche kommt, um meine Wohnung sauberzumachen und meine Wäsche zu waschen, bringt ein Kind mit, das Bohnern und Waschen «spielt». Ich fuhr weiter, weil der schrecklich betrunkene Mann schwarz war, arm und verroht. Wenn jemand zur Rechenschaft gezogen werden soll, dann bin ich ihm Rechenschaft schuldig, bin für ihn verantwortlich wie er für den Esel. Dennoch war das Leiden, während ich es mitansah, für mich die Gesamtheit des Leidens. Ich tat nichts. Ich ließ ihn den Esel schlagen. Der Mann war ein Schwarzer. So fiel eine Art Eitelkeit stärker ins Gewicht als das Fühlen; ich konnte es nicht ertragen, mich – sie – Rosa Burger – als eine jener Weißen zu sehen, die sich mehr um Tiere als um Menschen kümmern. Seit ich frei bin, steht es mir frei, eine solche zu werden.

Ich reiste ab, ohne mich von Marisa zu verabschieden.

Jemand warf einen Stein, ja. Vielleicht hat einer von den Kleinen, die jüngere Geschwister auf dem Rücken tragen und die Hunde mit *voetsak* anschreien, einen Stein geworfen, der nicht für mich bestimmt war. Wenn wirklich jemand gemeldet hatte, daß ich auf einer öffentlichen Versammlung mit einem möglicherweise politischen Ziel war, so hatte es keine Konsequenzen. Nichts und niemand hielt mich davon ab, Gebrauch von dem Paß zu machen. Nach dem Esel konnte auch ich mich nicht zurückhalten. Ich weiß nicht, wie man in Lionels Land leben soll.

Auszug aus Nadine Gordimer: ‹Burgers Tochter›. *Roman.*
Aus dem Englischen von Margaret Carroux.
S. Fischer / Goverts 1981

JORGE AMADO

Mandela in Brasilien

Wir Brasilianer kennen Nelson Mandela sehr gut. Nicht erst seit heute, sondern schon lange. Wir wissen um seine verborgensten Gedanken, um das ihm auferlegte Schweigen und um die Freiheit seiner Dichtung in der Welt. In Wahrheit ist er bei uns, lebt er seit vier Jahrhunderten unter uns. Man kann ihn ohne weiteres auf den Straßen irgendeiner großen oder kleinen brasilianischen Stadt treffen, im Gesicht eines dunkelhäutigen Kindes mit Katzenaugen und krausem Haar ist er leicht wiederzuerkennen. Sein Vater gab ihm – heilige Einfalt – den Namen eines Lords der englischen Admiralität, weil er ihn schön und bedeutsam fand, aber in seinem Familiennamen scheint noch die alte, stolze afrikanische Nation durch: male, mandina, mandela.

Er ist arm – beinahe unser ganzes Volk ist arm –, aber sein Lachen ist spontan und mitreißend. Er ist frei, über den Strand zu laufen, die Berge zu durchstreifen, mit seinen Blutsbrüdern zu spielen, die alle bei den verschiedensten Hauttönungen dieselbe Mischung aus schwarzem, indianischem und europäischem Blut haben; er ist frei, das Abenteuer eines eigenständigen Lebens einzugehen. Als Mensch, der so leben kann, fordert er von brasilianischem Boden aus, von der anderen Seite des Atlantik, die bedingungslose Freiheit für den afrikanischen Dichter, seinen Vorfahren und Bruder.

Er ist bei uns, immer und überall. Vor kaum einem Monat besuchten brasilianische und afrikanische Intellektuelle aus verschiedenen Ländern die Serra da Barriga im Staat Alagoas, im Nordosten Brasiliens. Einige der Besucher waren junge senegalesische Akademiker, Verfechter der *Négritude,* jener von Léopold Sédar Senghor ins Leben gerufenen Bewegung, die heute das Land erfaßt hat und von der Erkenntnis ausgeht, daß eine autonome kulturelle Entwicklung die Grundlage des sozialen Fortschritts ist. Aus dieser Einsicht heraus gehen sie voller Ungeduld daran, in enger Beziehung mit ihren Brudervölkern eine eigene Zivilisation in einem freien Land zu schaffen. Darum wollten sie den Boden der Serra da Barriga mit eigenen Händen berühren, und als sie dort angekommen waren, blieben sie schweigend, zutiefst bewegt stehen. Waren doch die Afrikaner auf Sklavenschiffen zusammengepfercht nach Brasilien gekommen und dort vierhundert Jahre lang Sklaven geblieben. Aber die Geschichte des Sklaventums ist gleichzeitig die eines ständigen Kampfes gegen die Schmach, gegen die von den weißen Kolonisatoren aufgezwungene Schreckensherrschaft. Das Erstaunliche an diesem Kampf ist, daß zwei Jahrhunderte vor der Abschaffung des Sklaventums in diesem Land, mitten im 17. Jahrhundert, die Schwarzen ihre gemeinsame Flucht aus den Hütten der Fazendas und aus den Städten organisierten, um mitten in den Wäldern von Alagoas die República dos Palmares zu gründen, die erste schwarze Republik der Welt. Und sie haben diese Insel der Freiheit in einem Meer der Sklaverei viele Jahrzehnte lang verteidigt und gehalten. Bei ihrer Ankunft schwiegen die jungen afrikanischen Intellektuellen, ergriffen und andächtig, als befänden sie sich in einer Kirche. Palmares ist heute eine nationale Gedenkstätte, die einst vom ganzen Volk gefordert und gesetzlich verankert wurde. An jenem Tag, an dem wir dort waren, forderte ein brasilianischer Dichter Freiheit für Nelson Mandela und sein Volk. Er verknüpfte dabei mit einem zulässigen poetischen Kunstgriff den Namen des gefangenen afrikanischen Dichters mit dem von Zumbi dos Palmares, dem Führer der schwarzen Republik, indem er erklärte, daß durch drei Jahrhunderte und einen Ozean voneinander getrennt der Kampf der beiden ein und derselbe ist, mit denselben fast unüberwindlichen Hindernissen, derselben hoffnungsvollen Gewißheit auf einen Sieg.

Mandela begegnete mir vorige Woche im Hörsaal der Universität während eines Treffens mit Hispanistikstudenten wieder. Das vorgegebene Thema war der Haß der Diktaturen auf die Dichter und die Poesie. Ich erinnerte die jungen Menschen meines Landes daran, daß genau vor einem halben Jahrhundert die Schergen des Diktators Franco den andalusischen Zigeuner Federico García Lorca mitten in der Nacht aus dem Schlaf und seinem kurzen Leben rissen und ihn im Namen dieses blinden Hasses erschossen. Ein Student trug Antonio Machados ernste, anklagende Verse vor: «El crimen fué en Granada, en su Granada!» Die jungen Studenten und ich ließen Miguel Hernández' Liebesgedichte wieder erstehen, die frisch sind wie die Luft der Berge, diese Verse eines sanften Ziegenhirten, der eines Tages auftauchte, als die ersten Bomben auf Madrid fielen, und seine unglaublich hellsichtigen Gedichte an die Seite der Werke von Rafael Alberti, Jorge Guillén, Antonio und Manuel Machado und vieler anderer stellte, und einen Höhepunkt der Dichtung aller Zeiten erreichte. Miguel Hernández wurde langsam in einer schmutzigen spanischen Gefängniszelle umgebracht. Aber ein braunhäutiges junges Mädchen erhob sich und griff das Thema vom Haß der Diktaturen auf die Dichter im Jetzt und Hier auf: sie las ein Gedicht von Nelson Mandela. Die Versammlung schloß mit der Abfassung eines kurzen Telegramms an den Botschafter Südafrikas in Brasilia. Der Text war kurz und prägnant wie ein Vers: «Ihr habt Angst vor Nelson Mandela!»

Aus dem brasilianischen Portugiesisch
von Maralde Meyer-Minnemann

ADONIS Wie eine Region der Liebe

Zu seiner Behausung führt kein Weg
alles belagert – Friedhof die Straßen
doch in der Ferne, über seinem Haus
ein irrender Mond
gefaßt
in Staubfäden

*

Soll er seine Geheimnisse hüten
manchmal setzt er das Meer auf seinen Schoß
manchmal setzt er es an sein Fenster
soll er seine Geheimnisse hüten:
sich verkleiden in Gras
verhüllen das Gesicht mit einem Stein
soll er seine Geheimnisse hüten
wie eine Region der Liebe
die sich zu jeder Jahreszeit verwandelt
und in den Bäumen blättert

*

Er kennt Vögel
die sich auf ihre Stimmen stützen
und mit den Zweigen fliegen

*

Das Licht in weitester Ferne
ist uns näher als die Finsternis
ganz nah bei uns
Entfernung
ein Mythos
wahrscheinlich

*

Das Massaker hat das Stadtbild verändert
dieser Stein ist der Kopf eines Kindes
dieser Rauch
der Atem von Menschen

*

Die Vögel wollen nicht singen
auf Feldern die keine Stille kennen

Aus dem Französischen von Hans Thill

SUSAN SONTAG Dieser Mann Dieses Land

Ein politischer Gefangener ist seit 1964 im Gefängnis, zu lebenslänglicher Haft verurteilt; aber viele Männer und Frauen auf diesem Planeten sind gefangen, isoliert, wegen ihrer politischen Ansichten und Aktivitäten zum Schweigen gebracht. Die Mehrheit der Bewohner eines Landes ist unterdrückt und ohne Wahlrecht; aber Mehrheiten in vielen Ländern überall auf der Welt sind demokratischer Freiheiten und sozialer Gerechtigkeit beraubt.

Warum *dieser* Mann? Warum *dieses* Land?

Dieser Mann ist beispielhaft. Wegen seines Charakters, seines Verhaltens, wegen dem, was er gesagt hat (und sagt); weil die Sache, der er seit Jahrzehnten ein hervorragender Führer ist, gerecht ist; und weil seine Darstellung politisch und moralisch die reifste, die realistischste ist, die, die am ehesten zur Versöhnung führt und dem sonst unvermeidlichen Blutbad ausweicht. Außerhalb seines Gefängnisses hat er eine Frau, eine Tochter, Freunde, Genossen, die, unter äußersten Einschränkungen, unablässigen Schikanen und großer Gefahr arbeitend, seinen Kampf fortsetzen. Er wäre gerne frei. Aber er wird nichts weniger als bedingungslose Freiheit akzeptieren. Er hat mehr als einmal eine Freilassung mit Auflagen ausgeschlagen. Er hat gesagt, er verhandle nicht mit seinen Gefängniswärtern, da ein Gefangener, einer, der nicht frei ist, keine Verträge schließen kann. Das stimmt natürlich dem Sinne des Wortes nach nicht. Man *kann* in Gefangenschaft über seine Freiheit verhandeln – wenn es nur um die eigene Freiheit geht.

Aber er versteht, daß seine Freiheit nicht nur die seine ist, sondern (und er zieht es vor) unauflöslich mit der Freiheit des Volkes verbunden ist, das er repräsentiert. Über *seine* Freiheit kann er nicht als Gefangener verhandeln.

Oft wird gesagt, dieser Mann sei ein «Symbol». Aber niemand ist von Natur aus ein Symbol. Man wird zum Symbol, wird zum Symbol gemacht, wie dieser Mann. Die wenigen moralischen Helden – und dieser Mann *ist* ein moralischer Held –, die gefeiert werden, werden nur unter dem Druck historischer Notwendigkeit gefeiert. Das Verfahren, eine Person als Beispiel auszusondern – besonders einen Gefangenen oder ein Opfer –, illustriert die Art, auf die unvermeidbar alle Zuneigungen und Bindungen institutionalisiert werden müssen, Titel erlangen müssen, Hierarchien hervorbringen müssen, um historisches Gewicht zu haben: um politisch zu wirken. Unvermeidbar schleichen sich in diesen Prozeß auch einige Verfälschungen des Gefühls und Verzerrungen der Wahrheit und des Widerhalls ein. Trotzdem, wenn der Kampf gerecht ist und das Verhalten des Gefangenen wahrhaft beispielhaft, ist eine solche Aussonderung nicht nur unumgänglich, sondern positiv. Es ist richtig, daß dieser Mann zum Symbol gemacht wurde.

Er steht nicht nur für das Bestreben der meisten Menschen auf der Welt, sondern auch für eine sehr große Gemeinschaft in seinem Land, die ihn als ihren Führer anerkennt. Er befindet sich in Opposition, er ist im Gefängnis. Aber er ist kein «Dissident». Anders als, sagen wir, Andrej Sacharow, ein weiterer Gefangener von großer persönlicher Würde, moralischer und politischer Weisheit, Ursprünglichkeit und Zuverlässigkeit des Prinzips und weltweiter Anerkennung, der aber nicht die Mehrheit seiner Mitbürger repräsentiert – seine Ansichten werden nur von einer kleinen unorganisierten Minderheit geteilt, die hauptsächlich in Moskau, Leningrad und Kiew lebt. Nelson Mandela repräsentiert die Mehrheit der Menschen in seinem Land. Deshalb kann er nicht als gewöhnlicher politischer Gefangener behandelt werden: versteckt, ausgehungert, geschlagen, gedemütigt, von Kontakten mit Verwandten und der Außenwelt abgeschnitten. Dieser Mann empfängt im Gefängnis wichtige Besucher seines Landes (oder weigert sich, sie zu empfangen), ganz die wichtige politische Figur, die er ist. Stillschweigendes Oberhaupt einer politischen Partei, die, auch wenn sie keine offizielle politische Rolle spielt und ihr Hauptquartier im Exil hat, bereits wichtige politische Macht ausübt; *de facto* Oberhaupt des Staates, Präsident eines demokratischen Landes, das noch nicht existiert, aber existieren wird, ist er sowohl ein Symbol, das an einem (für die Realitäten seines Landes geeigneten) symbolischen Ort lebt, im Gefängnis, als auch eine sehr reale politische Macht.

Natürlich gestattet die gegenwärtige undemokratische und rassistische Regierung ihm diese Rolle – wie die Briten, als sie Gandhi festnahmen, gezwungen waren, ihn unter Bedingungen in Haft zu halten, die seine immense politische Macht und seinen moralischen Einfluß widerspiegelten, die Macht (das heißt die zunehmende Unregierbarkeit) der großen Gemeinschaft außerhalb des Gefängnisses, die er weiterhin repräsentierte. Aber das war nicht immer so für ihn. Die ersten Jahre seiner Gefangenschaft auf Robben Island waren so hart wie jeder Gulag; es gab keinerlei Kommunikation mit der Außenwelt, keine Unterredung mit ausländischen Würdenträgern, die berichten konnten, daß sie «zuerst von seiner untadeligen Erscheinung, seiner offensichtlich guten Gesundheit und seiner imponierenden Präsenz beeindruckt» gewesen seien. «Auf seine Art strahlte er Autorität aus und verschaffte sich den Respekt aller um ihn herum, einschließlich seiner Gefängniswächter.» (Ich zitiere hier aus dem Bericht, der dieses Jahr von «The Commonwealth Eminent Person's Group on Southern Africa» herausgegeben wurde.) Erst in den letzten Jahren, seit die Regierung mit der Gemeinschaft, die er repräsentiert, rechnen muß, hat man ihm diesen Status gewährt. Die Regierung würde nichts lieber tun, als ein «Abkommen» zu treffen und ihn freizulassen. Aber er lehnt eine Freilassung mit Auflagen ab, weil er in einer Machtposition ist.

Diesen Status erringt ein Gefangener nicht, indem er Gegenstand einer internationalen Kampagne für seine Freilassung wird; die politischen Realitäten sowohl im In- als auch im Ausland verleihen ihn ihm. Sacharow ist ein mindestens so berühmter und moralisch bewunderter politischer Gefangener wie Mandela, aber Sacharow repräsentiert größtenteils seinen eigenen beispielhaften Mut und die Richtigkeit seiner Ansichten. Die Regierung, die ihn festhält, weiß, daß er keine Bedrohung darstellt; das Abkommen muß mit der öffentlichen Meinung der Welt getroffen werden, nicht mit den eigenen Bürgern.

Wir verlangen Freiheit für Sacharow, für Irina Ratuschinskaja und für die vielen weiteren, die ungerecht in diesem Land gefangengehalten werden, weil wir wollen, daß diese kostbaren Menschen überleben. Wir hoffen, daß ihnen sogar gestattet wird, ihr früheres Leben und ihre Arbeit wiederaufzunehmen. Wir sind betroffen von der Not des älteren Wissenschaftlers und Fürsprechers der Menschenrechte, der ins innere Exil geschickt wurde, faktisch unter Hausarrest, körperlich mißbraucht und mit nachlassender Gesundheit; betroffen von der Not der jungen Dichterin, die zu sieben Jahren Arbeitslager verdammt wurde und wegen körperlicher Mißhandlung und nicht behandelter schwerer Krankheit ihre Strafe schwerlich überleben wird. Indem wir um die Freilassung dieser heroischen Individuen, dieser beispielhaften Menschen, die so sehr leiden, ersuchen, ehren wir sie und die Prinzipien, für die sie stehen; aber im Grunde bitten wir um Milde. Ihre Freiheit bestände darin, daß sie gehen, ins Ausland gehen dürften. Für Sacharow, Ratuschinskaja und andere gibt es keinen Unterschied zwischen einer bedingten und einer unbedingten Freiheit. Sie wollen, und wir wollen es für sie, daß sie hinaus dürfen. Mit anderen Worten, wir glauben nicht, daß die Regierung, die sie ihrer Freiheit beraubt hat, die sie grausam bestraft, die sie langsam umbringt, sich in voraussehbarer Zeit ändern wird.

Mit diesem Mann ist das anders. Wir ersuchen nicht einfach um seine Freiheit; wir respektieren seine Entscheidung, im Gefängnis zu bleiben. Wir glauben, daß die Tage dieser Regierung gezählt sind. Diesen Gefangenen freizubekommen heißt, den Fall der Apartheid-Regierung viel voranzutreiben. Wir ersuchen um seine Freiheit nicht bloß aus Mitleid, sondern aus politischen Gründen. Denn seine Freiheit, wenn er sie einmal hat, wird ein großer Schritt zur Befreiung der Mehrheit seiner Mitbürger sein.

Er ist jetzt im Gefängnis nicht frei, aber er ist mächtig. Er ist mächtig, weil ihm das Vertrauen der Gemeinschaft, die er repräsentiert, zufließt. Wir ersuchen um seine Freiheit, weil wir die Freiheit der Mehrheit seiner Landsleute suchen. Seine Freiheit ist die ihre. Er hat sie dazu gemacht. Wir verlangen seine Freiheit. Und die Freiheit derjenigen, für die er im Gefängnis ist.

Dieser Mann. *Dieses* Land.

New York, Juli 1986

Aus dem Amerikanischen von Karin Graf

HÉLÈNE CIXOUS Die Aufteilung des Kuchens

Was ich erzählen werde, das habe ich angefangen zu sehen, als ich, um mich in der Vorstellung nach Afrika zu begeben, die Augen schloß und den Namen Mandela ausgesprochen habe. Plötzlich ist mir endlich gelungen, mich zu nähern. Durch Mandela. Denn bis dahin hat sich meine Vorstellungskraft, jedesmal wenn ich es versuchen wollte, ängstlich und voller Schrecken, tot gestellt.

Apart-heid sagt unaufhörlich ohne Scham ihren wahren Namen: *Apart-hate,* und ihr Atem stinkt. Lange habe ich vor diesem Haß solche Angst gehabt, als ob es der Teufel wäre. Er ist der Teufel. Er hielt mich sich vom Leibe.

Ich hatte Angst, und ich hatte solange Angst gehabt, bis ich eines Tages gerochen habe, wie ein Milchmandelduft schließlich durch den Dreck *Apartheid* hindurchschlug, eines schönen Tages.

Es war ein Seelenduft, der kräftige und köstliche Duft großer Lieben, der Mandelduft der Mandelas. Der Duft der Liebe, die stärker als der Tod ist. Mandel-a! Der Duft des Sieges des Guten über das Böse. Wie süß das Gute duftet, wenn es triumphiert hat. Ein Duft, der so stark haftet, daß er sieben Höllen durchqueren kann, ohne ein einziges seiner magischen Moleküle zu verlieren.

Ich sage «Mandela», und ich schmecke den alles durchdringenden Geschmack der frischen Mandel, den Milchgeschmack der biblischsten Frucht in meinem Mund: Drinnen im Harten versteckt sich die feste Süße.

Ich habe Lust, von Nelson und Winnie Mandela zu sprechen, zwei Personen von hoher Statur, die seit einiger Zeit den Grund meines Denkens mit ihrem herrlichen Schritt durchmessen, doch es fällt mir schwer, weil sie heilig sind. Vom Heiligen kann man nicht mit den bloß gewöhnlichen Worten sprechen, die beim Verlassen der Lippen verdorren. Man muß davon mit einer schüchternen Leidenschaft sprechen, so wie wenn man Verzeihung erwünscht. Und zugleich muß man darüber weinen und sich darüber freuen.

Wie werde ich es wagen, von einer so grausamen Geschichte zu sprechen, die ich nicht gelebt habe noch jemand von meinen Nächsten, und die mir immer erspart bleiben wird?

Eine Ehre wird es sein. Ich werde also ohne die Scham verfahren, die so sehr dem Stolz gleicht.

Jetzt werde ich eine Liebeserklärung an Nelson und Winnie Mandela machen.

Die große Geschichte schritt schon sehr rasch voran an dem Tag des Jahres 1958, an dem sie sich begegnet sind.

Und innerhalb der großen Geschichte war ihre Geschichte von allen Geschichten diejenige, die am schnellsten vorangeschritten ist.

Lebend sind sie schon ein Teil des Gedächtnisses der Welt. Am 12. Juni 1964 sind sie dort eingetreten. An jenem Tag hat ihre Zukunft begonnen.

Was sie fast nicht gehabt haben, ist eine Gegenwart. Das, was man Zeit nennt: Einen Anfang mit einem Ende. Zeit, um einen Augenblick, eine Stunde, eine Mahlzeit, ein Gespräch zu beenden, die haben sie niemals gehabt. Alles, was einen Anfang nahm, ging nicht zu Ende. Alles wurde unterbrochen. Doch Nicht-gegenwärtig-Sein und Sturmgewitter, das haben sie im Überfluß.

«Selbst ganz zu Anfang war das Leben mit ihm ein Leben ohne ihn.» Mein Liebster ist der Gemahl des Volkes. Meine Gemahlin ist die Mutter des Volkes. «Ich habe niemals eine heitere Zweisamkeit gehabt. Niemals hat es dafür Zeit gegeben.»

Keine Zeit für die kleinen Annehmlichkeiten des Lebens, keine Zeit für die kleinen Unannehmlichkeiten des Lebens. Zwischen ihnen keine Kleinigkeiten, kein Erklären, kein Besprechen, keinen Zweifel, kein Hin und Her zwischen zwei Unschlüssigkeiten. Mit Gott kann man palavern. Aber angesichts Afrikas, keine Zeit.

Allein im voraus, das uneingeschränkte Zustimmen. Die Antwort, die jeder Frage vorauseilt. Allein ein Ja. Ja, Winnies Name.

Doch Winnies wahrer Name, ihr schwarzer Name ist Zami. Auf xhosa heißt Zami «Prüfung».

Ein einziges Ja, ein einziges Mal, für alle Anlässe. Ein Ja bestimmt ihr Schicksal. Er hat mich nicht gebeten, ihn zu heiraten. Er hat gesagt: Wie viele Ehrenjungfern willst du?

Ich habe ihn nicht gefragt, ob er geschieden sei.

Und alles war schon für immer entschieden.

Weil sie, in Übereinstimmung mit dem triumphierenden Afrika, ihre Passion schon im voraus und seit Jahrhunderten lebten.

Und sogleich begann die Epoche ohne Zeit. Ihre Geschichte ohne Jetzt. Die Liebe ohne Tag. Nur Morgengrauen und Abenddämmerungen.

«Ich wartete im Morgengrauen auf den heiligen Augenblick, an dem er an die Fensterscheibe klopfen würde.» Im Morgengrauen atmete die ganze Welt nicht mehr. Lauschte. Ans ewige Fenster wird der klopfen, der zu ihr auf einem Weg daher kommt, der ihn alle Passionen durchqueren ließ.

Und alle Morgengrauen zucken vor heiliger Möglichkeit.

Von 1958 bis 1964 war jeder Tag das Hohe Lied, das Lied Nelsons und der Rose von Bizana, das Lied der kleinen keuchenden Morgenfrühen, steh auf meine Liebe, aus Orlando, aus

Pretoria wird er kommen, der Mann der Nächte, die schwanger vom Kommenden, feucht von der Hoffnung auf ihn sind, sie schlafen nicht, sie suchen ihn, sie hören ihn kommen, zwischen den Bergen hindurch, über die Hügel, durch die Polizeimaschen hindurch, und niemals hört er auf zu kommen, er kommt an, er ist nur noch einige Jahrhunderte weit, einige Kilometer weit von meinen Armen entfernt, einige Augenblicke von meinen Lippen, einige Mauern, das war das Lied des feuchten Fleisches, der Weintrauben, der Äpfel und der Feigenblätter an der vergitterten Scheibe, ach, alles klopft an das heilige Fenster, all die Finger, die nicht die deinen sind, die Finger des Regens und des Winds, die Finger des Jakarandabaumes, bis endlich seine Finger trommeln, seine Mondstimme im Dunkeln, denn der Winter ist gerade vorbei, komm, dies ist die Stunde der Blumen und Tauben, die Stunde der kleinen Verstecke auf der Treppe, der Spalten im Felsen der Zeit. «Ich wußte niemals wann», wenn man niemals weiß, welches wann, dann heißt jedes wann bald, jetzt, immer, in jedem Augenblick kommt er, die Luft ist von seinen Schritten erfüllt, dort unten stößt die Liebe die feuchte Tür der Nacht auf,

Winnies Herz schlägt sich in Orlando, und ihr Körper streckt sich im Westen bis zum Kap aus und im Osten bis Pietermaritzburg und im Norden bis zum Fluß Limpopo, schreite über mich, meine Liebe, ich werde dich nicht lassen, bis du mich mit der Liebe Füßen getreten hast. Die Soldaten, die das Viertel bewachen, haben mich gefunden – sie haben mein Haus durchsucht, meine Schubladen, mein Bett, das voll von Spuren von ihm war, o Liebe meiner Seele, komme nicht an, klopfe nicht an die Scheibe, meine Freundinnen, meine Schwestern aus Bizana bei den Gazellen und bei den Zebras des Veldt, ich beschwöre euch, daß er nicht erscheine, daß er nicht aus der Wüste auftauche, wie der gezähmte Löwe, der parfümiert ist mit Myrrhe und Weihrauch,

komme komme nicht ich rufe dich doch antworte nicht, ich will, daß du fliehest doch will ich daß du kommst, noch einmal durch Feuer und Waffen hindurch, weil ich krank vor Bedürfnis bin.

Bei Tage, das wildlauernde Warten, aufgeschreckt sucht sie ihn in den Zeitungen, sie findet ihn nicht am Kap, sie findet ihn in Pretoria, halleluja, er lebt, sein Herz zieht durch das Land, sie ist eifersüchtig auf jede Menge, auf jedes Dorf, auf jeden Gefährten, nicht ich habe ihn gestern gesehen, sondern die Leute von Port Elizabeth haben ihn gesehen, mein Liebster ist der am meisten geliebte aller Liebsten doch ich liebe ihn am meisten und möge ich es sein, die er am meisten liebt ich begehre ihn und ich will ihn doch kann ich es nicht verlangen, denn mein Geliebter gehört zuerst seinem Volk, das ihn liebt, er ist der Gemahl ganz Afrikas,

doch an eine einzige Scheibe klopft er, an die Scheibe der zu kleinen Hütte von Orlando. Niemals gab es vor einer Scheibe so viele Gebete und so viele unterdrückte Tränen und so viel Hingabe, so viele Todeskämpfe und so häufiges Wiederaufleben.

All das, während Nelson wegen Hochverrats nur *angeklagt* war und noch, so gottmöglich, um ihn kein Gitterstab, nur die Männer und Meuten des Gesetzes, und als er noch ankommen konnte, kam, wahrlich ankam des einen oder anderen Tages oder wann auch immer.

Kaum Zeit vor Liebe umzufallen, ihn zu lieben, kaum, ein so großes Kaum, die Zeit geliebt zu werden, von ihm, von ihr. In Wirklichkeit nur die Zeit um ihn zu lieben zu beginnen und sofort ihn zu verlieren sie zu begehren und schon ist es Zeit aufeinander zu hoffen.

– Ich habe nicht die Zeit gehabt, ihn nicht mehr zu lieben. Nicht die Zeit gehabt, beim Genug anzukommen, in seinem Haus mich aufzuhalten, ihn ein wenig zu vergessen, ihn zu probieren, ich habe niemals den Frieden des Leibes gekannt, das schlafende Schweigen des Fleisches, immer dieser Schrei dieser Hunger.

– Ich habe nicht die Augen geschlossen, ich bin nicht Winnies Baby gewesen, nicht ihr Löwenkind, nicht ihr heimlicher Sohn. Ich bin nicht ausgestreckt in einem Traum der sternenübersäten Flußnacht entlanggeglitten. Ich habe gewacht. Ich habe zwei Töchter in zwei blitzenden Augenblicken gezeugt. Und ich habe mich dunkel fortgestohlen. Ich habe niemals aufhören können, groß und eindrucksvoll und Nelson Mandela zu sein. Wenn ich die Waffen niedergelegt habe, ein einziges Mal... Alles, was er nicht hat machen können.

Alles, was sie nicht hat machen können:

Konfitüren kochen und dabei zerstreut trällern

mit ihm auf dem Markt einkaufen

Besorgungen machen ohne ihn, dabei keine Sekunde an ihn denken, wie eine Frau allein an einem Samstagmorgen im Frühling

weggehen, ihn dabei schlafend im Haus zurücklassen und ihn wieder zu Hause vorfinden, wenn man heimkehrt

ihn benachrichtigen, daß sie diese Nacht nicht nach Hause kommen würde, weil sie zu einer Versammlung des Bundes der Frauen ginge weil er schon vor Sonnenaufgang weggegangen sei ohne die Zeit gehabt zu haben ihr zu sagen zu welcher Versammlung er ginge

morgens zwischen drei Kleidern sich nicht entscheiden können und ihn fragen, welches sie anziehen solle

den Tisch für ihn und die Kinder decken und dann wahrhaftig zu viert sich wieder bei Tische einfinden

eines Tages sich weigern, das zu tun, was er wollte. Einmal wenigstens. Hätte sie nein sagen wollen. Und gewollt, daß er sage: Gut. Doch das ist wirklich unmöglich gewesen. Keine Minute gibt es in diesem Leben für eine Uneinigkeit. Vor allem war es unnötig, eine Uneinigkeit kundzutun, da man doch letztendlich sich einigte.

So ist das Leben also immer makellos wie ein Skelett gewesen. Doch keineswegs aus Neigung

ihn fragen, warum er das kleinste Haus von Orlando ausgesucht hat, die Nummer 81 15 eine Hütte, die nur aus einer Küche einem Schlafzimmer und aus dem Raum auf der Straßenseite besteht, während er das daneben hätte auswählen können, das vier Zimmer hatte, weil er in den vierziger Jahren noch das Recht dazu hatte und auch das Glück, und das machte noch überhaupt nichts. Keineswegs, weil sie die Antwort nicht wüßte, doch um ihn wissen zu lassen, daß sie, denkt sie an das Leben der Kinder, dennoch Bedauern empfindet

ihn fühlen lassen, daß sie keine Heilige ist, welches Verdienst wäre es für sie anderenfalls ihn so zu lieben, wie sie ihn liebt und so viele unerträgliche Dinge zu ertragen

ihm eine Szene machen, was sie mehr als einmal nötig gehabt hätte, denn eine Frau, die in Afrika lebt, befindet sich, selbst wenn sie das Privileg hat, die Gemahlin eines so außerordentlichen Mannes zu sein, manchmal in einer so unangenehm altertümlichen Situation wieder, deren Ursachen, ja deren Existenz der Mann nicht einmal ahnt.

Im übrigen hat eine Frau, wo auch immer sie sein möge, es nötig, ab und zu eine Szene zu machen.

Zum Beispiel, als er vom Gericht mit zehn Gästen zum Abendessen heimkam, während im Eisschrank nur ein einziges Kotelett war, was er weiß und vergessen hat, und er ausruft, ihr werdet sehen, wie meine Frau gut kochen kann, das war eine Sache, die sie nun wirklich nicht ertragen konnte. Doch niemals hat sie es ihm sagen können. Er war schon wegen Hochverrats angeklagt. Und er war der gerechteste und unschuldigste Mann des Landes.

Unschuldig ist er immer gewesen. Das machte das Leben zu einer solchen Gymnastik.

Weil es viel schwieriger ist einen Unschuldigen zu lieben als jemanden, der Dummheiten macht.

Sie haben niemals voneinander Abschied genommen, sie haben sich voneinander losgerissen.

Jemand kam, mich mit einem alten Lieferwagen abzuholen,

ein großer Kerl in einem weißen Staubmantel. Als ich neben diesem Mann mich niedergesetzt hatte, da war Er es. Er hat die Blechkiste bis zur Stadtmitte gefahren, während er sehr schnell mit mir sprach, habe ich nicht vor Liebe geschrien, ich habe die Hand auf das Knie meines Lebens gelegt, und bis zum Grund meines Körpers nahm ich Leben an, ich habe gelebt. In der Mitte der Stadt, an einer roten Ampel, hat er zu mir gesagt, ich werde wiederkommen, gebe auf dich acht, mein Liebster ist verschwunden, das war an der Ecke der Sauer-Street, ich hatte keine Zeit zu schreien, ich sterbe, dieses Leben bringt mich um, ich bin auf seinen Platz geglitten, mein Hintern auf dem Abdruck seines Hinterns, meine Hände in seinen Händen, seine Hände unter meinen Händen, ich habe gefühlt, wie sein Blut mein Blut durchdringt, Hunderte von Weißen haben die Straße überquert.

Am Steuer der Einsamkeit in Johannesburg, die Lungen sind voll von Seufzern und Stöhnen, es gibt nicht genug Platz in der Brust für das Gewitter. Der Lieferwagen möchte detonieren. In Geheul, in einen heulend ausgestoßenden Namen. Ach! Eine Hündin sein, eine Eselin, vor Kummer bis zu den Wolken hinauf iahen! Den Schrei schreien lassen bis zum letzten Röcheln! Mitten in der Stadt. Das ist unmöglich!

Eines Tages wird sie eine Szene machen. Sie wird sie Gott machen.

Im März 1961, am Ende des Hochverratsprozesses, kam Nelson zu Hause vorbei, begleitet von Sisulu, Nokwe und Joe Modise.

Sie standen vor der Tür. «Meine Liebe, lege einige Kleidungsstücke in meinen Koffer. I'll going away for a long time.» Beunruhige dich nicht, gib acht auf dich, über Freunde wirst du Neues von mir hören. Ich weiß, du bist stark genug, um ohne mich weiterzumachen.

Er stand vor der Tür, doch ich habe nicht bis zu ihm gelangen können. So viele Leute umringten ihn, um ihm ihre guten Wünsche zu sagen.

Schnell habe ich seinen Koffer gepackt. Als ich ihn zu ihm tragen wollte, war meine Liebe nicht mehr da. Er war fortgegangen. Ich gehe für sehr sehr lange Zeit fort. Eine Stunde später ist jemand gekommen, um seinen Koffer abzuholen. Als ich herauskam, war er nicht mehr da. Der Abschied hat mein Herz ausgefüllt.

Am nächsten Tag, in den Zeitungen habe ich dann gelesen, daß er in Pietermaritzburg gesprochen hatte, vor einer ungeheuer großen Menge. Er hat zu seinem Volk gesprochen, sechshundert Kilometer weit von meinem Herzen entfernt. Doch mein Herz hörte jedes einzelne seiner Worte.

Ich zähle die Schmerzen auf, kniend vor der großen heiligen Frau. Der Mangel und die Angst machen ihre Herrlichkeit aus. «Ich brauche Mildes, ich brauche Menschenbrot, ich brauche zartes Menschenfleisch, um meine so leeren Arme zu nähren, ich brauche meinen Teil vom Kuchen des Lebens.» Lange findet sie eine leichte Stärkung an Zindzi, der Nährtochter. Denn es ist gut, daß die Tochter die Mutter stillt.

Nicht leicht war es, ein Schicksal als Leben und Afrika als Familiennamen zu haben. Denn trotz allem war er nur ein Mann, und sie war nur eine Frau, die Lust hatte zu weinen. Sie haben so viel Kummer erlitten, doch unheroisch, vor allem sie. Unter Schwierigkeiten, unter Schrecken, unter solchem Mitleiden. Doch ich glaube, daß gerade das heroisch ist: von Leid geprüft zu werden und zu schreien, unheroisch. Und auch zu lachen jedes Mal, wenn es möglich ist.

Im Juni 1958 haben Zami und Nelson angefangen, Hochzeit zu machen. Es sollte eine vollkommene Hochzeit sein, die Hochzeit der Zukunft: zugleich traditionell und modern würde sie Osten und Westen, den Himmel und die Erde, die Xhosasippe und die Thembussippe, die Ahnen und die Nachkommen, den Regen und das Feuer, das Salz der Tränen und den Zucker des Speichels, die Hoffnung und die Gewißheit, den Vogel Strauß und den Jäger, den Glauben und die Wissenschaft, das Wissen der Schwarzen und das Wissen der Weißen verbinden.

All diese Wünsche waren dem Teig des Hochzeitskuchens beigemengt worden.

Die erste Hälfte des Kuchens soll von der Familie der Braut gegessen werden, die zweite Hälfte von der Familie des Bräutigams. Sobald der Teig sich vollkommen mit dem Menschenteig vermischt hat, beginnt die Kraft des Kuchens der Wünsche zu wirken.

Zamis und Nelsons Kuchen ist außerordentlich magisch gewesen:

Kaum hatten Zami und Nelson die Pondohälfte des Kuchens zu essen begonnen, da hat das Telefon geläutet, sie haben nicht zu Ende essen können, in Windeseile nach Johannesburg zurückgebracht, ist alles unterbrochen worden, das Fest, der Kuchen, der Teig, die Wünsche aufgeteilt, die Wirklichkeit auf der anderen Seite, der Tanz, unterbrochen, der Kuchen hat geschrien, der Wind hat geblasen, das Telefon hat geschrillt, das Urteil ist gefallen. Glücklicherweise findet die Trennung nicht zwischen ihnen, sondern in ihnen statt, da wo ihr Fleisch weich ist. Beide haben gefühlt, wie der Schmerz ihnen den Körper einschnitt, und während ein trockener Staubsturm sie in die Stadt zurückbegleitete, hat jeder vor Mitleid mit dem Körper des anderen beinahe geweint. Im Flugzeug lächelten sie sich an, ihre Blicke vermischten sich, ein Seelenkuchen formte sich. Jeder hat, mit von Zärtlichkeit geschwollenen Augen, stumm gezeigt: Ich hungere nach dir, meine Liebe. Die beiden Hungergefühle haben sich miteinander vermählt.

Und der Kuchen? Der Kuchen ist aus demselben Teig gemacht wie ihre Liebe. Der Kuchen ist eine übermenschliche Widerstandskraftnahrung. Er hat alle ihre Eigenschaften.

Er ist noch immer lebendig, jedenfalls das, was von ihm

rig ist. Das unversehrte, geduldige Nelson-Stück. Zami hat sich niemals von ihrer Thembuhälfte getrennt. Der halbe Kuchen ist heute achtundzwanzig Jahre alt. Zami hat ihn nach Johannesburg mitgenommen, dann nach Orlando, Soweto, dann nach Johannesburg. Danach waren sie am Kap. Danach in Soweto. Die Reise ist endlos und gefahrvoll gewesen. Der Kuchen wurde nicht in Mitleidenschaft gezogen. Als Zami im Gefängnis war, haben ihn Zeni und Zindzi bewacht und nicht daran gerührt. Der Kuchen ist ihr Papa gewesen, ihr kleiner Bruder und ihr Baby. Doch dann hat es die Nacht des 18. Mai 1977 gegeben, bäng, bäng, bäng, bäng, und plötzlich ist der Kuchen zusammengefallen. Durch viel Widerstand gegen die Verfolgungen, durch vieles Aushalten und vieles Verfolgtwerden, durch viel Neinsagen und häufiges Ins-Gefängnis-geworfen-Werden, durch vielfache Verbote, mit mehr als drei Personen, zwei Personen, einer Person zu sprechen, das Haus nach 8 Uhr abends zu verlassen, nach 7 Uhr abends, 6 Uhr abends, 5 Uhr abends, durch das wiederholte Verbot, Zindzi zur Schule zu begleiten, und in einem Laden Brot zu kaufen und den ehrwürdigen Vater Rakale unter ihr Dach eintreten zu lassen, durch das wiederholt erlittene Verbot, in eine Kirche zu gehen und in irgendein menschliches Bauwerk zu gehen und auf einer Landstraße zu fahren, mit einem Auto, einem Autobus, mit einem Zug, mit einem Flugzeug zu fliegen,

und dadurch, daß sie seit dreizehn Jahren mit ihrer Hand kein Fingerbreit von Nelsons Haut berührt hatte,

da plötzlich, am 18. Mai 1977, als sie um 4 Uhr morgens bewaffnet gekommen sind, um sich ihrer zu bemächtigen

als sie in ihr Haus in Orlando eingedrungen sind und als sie sie mit Zindzi in einen Lastwagen geworfen und nach Brandfort deportiert haben,

an jenem Tag, da hat der Kuchen angefangen zu zerbröckeln. Es geschah in dem Augenblick, als Zami und Zindzi wie der letzte Dreck in eine von Abfall übersäte Hütte geworfen wurden.

Da lag Zami im Staub, und ihr Gesicht klebte an der armseligen Haut Afrikas, Angesicht in Angesicht mit dieser Schmerzenserde, ihre Lippen auf der Lepra dieser Mutter, und der Lärm des großen Verbrechens, das sich schimpfend langsam entfernte, das Unglück rollte über den großen erniedrigten und um Hilfe flehenden Körper Afrikas, das Unglück mit seiner Armee, seinen Lastwagen, seinen Maschinengewehren, seinen leeren Augen, seinen Leichenwangen, das schrecklich idiotische Unglück entfernte sich auf seinen Rädern, indem es die Motoren aufheulen ließ in der traurigen Stille Afrikas, dann verschwand der Lärm des großen Verbrechens, die armselige Nacht senkte sich wieder zitternd auf ihre Lumpen und ihre von den Göttern verlassenen Kinder, und da war Zindzi, angeklammert an Zami mit all ihren Händen, mit ihren Dutzenden von kleinen Jammerarmen, wie zwölf verzweifelte Kinder, wie das kleine Mädchen, das mit diesem Universum nichts mehr im Sinn haben kann, den Bauch seiner Mutter schlägt und in ihn zurückkehren möchte, an sie geklammert, wie allein Menschenkinder es tun, die hoffen, Mauern zu überspringen und Grenzen zu passieren und das Leben zu fliehen, indem sie Liebe durchmachen. Und wenn Zami hätte sich öffnen und Zindzi wieder im Uterusnest aufnehmen können, o wie sehr wäre sie von einem Teil ihres Schmerzes erleichtert gewesen.

Die Stille hat sich über sie gelegt wie ein Leintuch aus Tränen.

Also hat sich Zamis Körper aufgetan, die Erde hat sich aufgetan, und von der Barysphäre aus hat sich alle Empörung der Welt zu einer Blutlava angesammelt, die bis zum Himmel emporschießen wollte, bis zum reglosen Angesicht Gottes, bis zu den trockenen Augen Gottes und da hat Zami mit all ihren Kräften einen langen und herzzerreißenden Schrei in die Richtung von Gottes Taubheit ausgestoßen!

Und es gab absolut niemanden in dieser Nacht von Brandfort.

Allein der Kuchen hat gehört und zum erstenmal ist er auseinandergebrochen. Der Kuchen sollte gerade dreizehn Jahre alt werden.

Doch schließlich hat der Kuchen die Oberhand gewonnen. Der Teig hat sich als stärker erwiesen als alle Kräfte der Auflösung und Zerstreuung. Kein Krümel ging verloren. Zami rettete sie alle.

Heute ist der Kuchen achtundzwanzig Jahre alt. Alle Krümel sind in Sicherheit in Orlando. Nelson ist im Gefängnis von Pollsmoor am Kap seit April 1982. Ich schreibe dies im April 1986. Alle Mandelakrümel sind am Leben.

Was ist ein achtundzwanzig Jahre alter Kuchen? Welchen Geschmack wird sein Fleisch haben, wenn Nelson und Zami schließlich Hochzeit machen werden?

Einen Geschmack von Erde, auf der endlich die Milch und der Honig von Zamis Tränen fließen.

Am Freitag, dem 12. Juni 1964, ist Nelson Mandela dazu verurteilt worden, niemals mehr in seinem Leben eine menschliche und barmherzige Stunde in den Armen Winnie Mandelas zu verbringen.

Am Freitag, dem 12. Juni 1964, sind Nelson und Winnie dazu verurteilt worden, den Leib ihrer Liebe für immer durchschnitten und in zwei Hälften getrennt zu haben, zwei immerzu zuckende, immerzu dürstende Teile, die immerzu sterben, die immerzu hoffen ohne Hoffnung.

In diesem Augenblick, in dem ich in meinem Körper fühle, wie grausam der Hunger von Körpern ist, die unaufhörlich wollen und wollen und nicht haben, da regnet es. Manchmal regnet es, und das tut dieser verängstigten Erde ein wenig gut. Und auch ich weine.

Und vor dem 12. Juni 1964, da gab es den 7. November 1962. Und vor dem 7. November 1962 gab es den Dezember 1952, und vor dem Hochverratsprozeß, da war 1948, und vor den niederträchtigen Apartheidsgesetzen, da hat es so viele Vorhers gegeben. Und Nelson ist am 18. Juli 1918 geboren. Und danach war der Mittwoch, der 16. Juni 1976. Und nach dem Tag von Soweto gab es den Monat September 1977. Und nach dem Todeskampf von Steve Biko war...

Der Seele kann man Geduld beibringen, prächtige Rechenaufgaben: «Die Zeit wandelt jeden Tag im Gefängnis in Ruhm um. Die Zeit mit den feinsinnigen Windungen wird die Todesstrafen euch als ewige Ehre zurückzahlen. Aus euren Tränen werden Perlen entstehen. Aus eurer edlen Haut ist die schwarzgoldgrüne Fahne eurer Erde geschnitten. Nichts von diesem zerstörerischen Schicksal würden die Ströme der großen Geschichte nicht in jene seltsame Pracht verwandeln.»

Aber der Körper versteht keine Geduld. Die Körper verzehren sich lebend in der Mandela-Passion. Weil er ein Mann ist, und weil sie eine Frau ist. Und weil, außer daß sie sich, einer vor dem andern, als Mann und als Frau fühlen, zudem er ein schöner Mann und sie eine schöne Frau ist.

Also fast jeden Tag seit dem 12. Juni 1964 schlagen sie um sich, laufen bewegungslos aufeinander zu, stürzen sich niemals einander in die Arme, tasten nicht mit verzückter Hand die weiche Brust ab, sie schmecken sich nicht, sie begehren sich und richten sich zugrunde und sterben langsam dahin an einem der zwei Tode, denn der vom Ammenkörper getrennte Säuglingskörper entgeht nur der Glutfolter, wenn er in einen eisigen Abgrund fällt.

Sie gehen von Schrecken zu Schrecken; das ist des Teufels Genie: das Schreckliche noch zu verschlimmern.

Die Trennung wird doppelt erfinderisch. Die schlimmsten Gefängnisse reihen sich aneinander. Das Gefängnis breitet sich aus wie die Pest. Nelsons Gefängnis hält Winnie, Zindzi und Zeni gefangen. Die Gefangenschaft Nelsons im Zuchthaus von Robben Island, die muß Winnie leben im Gefängnis 1967, 1969, 1970, 1974, 1976, 1977... Dann ist er also wahrhaftig im Gefängnis.

Solange Nelson im Gefängnis von Robben Island die Freiheit Winnies hat, hat sein Herz Adlerfittiche. Ist Winnie gefangengesetzt, dann zermalmt ein Käfig Nelsons Herz.

Was mein Leiden verringert: dein Leiden.

Was mein Leiden vermehrt: dein Leiden.

Ich leide an deinem Leiden. Also zwingen sie sich, der eine und der andere, zu lächeln.

Ohne Geschlecht, ohne Arme, ohne Nase, ohne Hände, ohne Brot, ohne Honigkuchen. Und die Augen?

Dies also geschieht mit der Augen Nahrung, wenn Zami Nelson besucht, endlich nach sechs Monaten, nach einem Jahr, nach zwei Jahren ohne alles:

Im Halbdunkel, durch eine grausam dicke Scheibe hindurch der verschwommene Anblick von Nelsons Kopf unter Ausschluß des Körpers. Sie sieht nicht seine Haare, sie sieht nicht seine Stirn, nicht seine Augen, nicht sein Lächeln. Und seine Stimme? Seine Stimme hört sie nicht. Durch die erbarmungslosen Kopfhörer dringt eine Stimme ohne Farbe, ohne Timbre. Mit einer stimmlosen Stimme spricht Nelson der Vater ohne Kinder: «Wie geht es meinem Volk? Sag ihm, daß es nicht lange dauern wird und daß ich bei ihnen bin.»

Kann das wahr sein? Das kann wahr sein.

«Die Zeit ist um!»

Sie hat ihn nicht gesehen. Sie hat ihn nicht gehört. Zwölf Jahre, ohne seine Haut zu berühren. Und dennoch war er da. Nicht hat sie seinen Duft, den Duft eines großen, schönen und begehrenswerten und unbezähmbaren Mannes tief eingeatmet. Und dennoch war sie da. Es wurde eine wunderbare Begegnung. Im Jahre 1981 setzt er mit einem Satz ihr wieder den Körper zusammen, den sie nicht mehr bewohnen konnte. Wie du verführerisch bist, meine Liebste, meine schwarze Taube, die Ohrgehänge gleiten auf deine Brüste hinab wie die Hände deines Liebhabers, meine Hände. Und was geschieht nun zwischen Nelson und Zami und läßt die Scheibe zwischen ihren

Körpern nur den Schatten des einen für den anderen passieren? Eine Hochzeit ereignet sich. Eine ihrer Hochzeiten, das geschieht.

Das Geheimnis von Nelsons Kraft: Er ist als mütterlicher Vater geboren. Und dennoch ist Winnie seine Tochter, ist seine Mutter.

Ein Geheimnis Zamis: Wie sie sich parfümiert, um Nelson zu sehen.

Nelsons Mut ist es, Mut zu schöpfen, wenn kein Mut mehr übrigbleibt. Und wo ihn schöpfen? Frag die Ameisen, die die Zellen durchqueren, wie sie es machen. Wenn er sich von der Hoffnung verlassen sieht, steht er auf, und er wird den Latrineneimer des Gefangenen Daniels reinigen. Und am Boden des Eimers schöpft er den Mut.

Nach so vielen Jahr-Jahrhunderten des Schweigens und des Eingeschlossenseins glaubt er, daß draußen im Land, wo die Zeit vergeht, wie vom Winde verweht, der die Ereignisse forträgt, daß das Volk an ihn denkt jeden Tag. Zwanzig Jahre sind vergangen seit seinen letzten Worten. Er glaubt noch, daß niemand ihn vergißt. Wie macht er das? Er denkt jeden Tag an das Volk, ohne jemanden zu vergessen.

Ja, doch wie kommt es, daß dieser Glaube nicht vergeht?

Ich weiß es nicht. Das ist Liebe. Das ist ein Wunder.

Mandela ist der seit fünfundzwanzig Jahren am meisten ausgesprochene Name in der Luft Südafrikas.

Und alles, was Winnie nicht wußte, als sie ein kleines Mädchen war und als das Entlanglaufen am Fluß und die Schönheit der grüngewellten Hügel sie glauben ließen, daß die Welt ihr gehöre, all die seltsamen Geheimnisse, von denen niemand ihr erzählt hatte, das hat sie durch das Gefängnis und die Trennung entdeckt:

Daß so viele Ängste, die man so vielem Zorn und so vielen

Klagen und so viel abertausenden Mühen und Verzweiflungen hinzufügt, am Ende etwas Gutes ergeben können.

Seit zwölf Jahren habe ich nicht deine Beine gesehen.

In diesem Jahr 1982 habe ich deinen Körper ganz bis zur Taille gesehen.

In diesem Jahr 1983, durch die Scheibe hindurch, habe ich deinen linken Fuß ganz gesehen.

Was gibt man dir zu essen? Seit dem 12. Juni 1964 weiß ich nicht, was dein Mund gekostet hat.

Ich denke an die drei Tomatensetzlinge wie an meine eigenen Kinder.

Schmerzen = Reichtümer.

In Indien auch erlangt man die Unsterblichkeit nach fünfhundert Jahren Fasten.

Doch diese höllische Marter der Körper, diese Qual der Unschuldigen, Winnie, Nelson, sie können nicht wollen, daß sie aufhöre, man kann sie nur noch und noch ertragen wollen, denn sie ist in das immer noch lebendige Begehren eingeschnitten. Diese Marter ist das Klagelied der Lust, die vom Körper verbannt ist.

«Mache, daß das Gefängnis sich nicht wieder hinter meinem Begehren verschließe. Mache, daß die Seele meines Körpers frei bleibe. Mache, daß ich in meinen Armen und in meiner Brust und bis zu meinen Fußsohlen am gleichen unerträglichen Hunger leide. Mache, daß vor Schmerz ich zu sterben glaube, bei jedem Besuch, vorher und nachher, in zwanzig Jahren und in dreißig Jahren und wenn ich weiße Haare haben werde und ein verbrauchtes Gesicht. Gib uns den nagenden täglichen Hunger, gewähre uns keine Zerstreuung, bewahre uns bis zum Ende vor jeglicher Befriedung! Amen.»

Mandela! Nwagethu!

Mandela. Mandel-a. Im herben und ungenießbaren Kern ist die Mandel zart wie das Fleisch des ersten kleinen Kindes. Die Mandel ist da, unter der Bitterkeit. Das ist Mandelas Geheimnis.

Gibt es ein anderes Geheimnis?

In der Verzweiflung die zarte Hoffnung.

Glücklich sind die, deren Sache völlig gerecht ist.

Einige Fälle von vollkommener Reinheit gibt es. Zumindest einen. Möge er es bleiben.

Die erste Hälfte des Königskuchens aus afrikanischen Mandeln ist im Juni 1958 in Bizana im Pondoland gesegnet und verzehrt worden.

Die zweite Hälfte wird im Jahre 19.. gegessen werden in Qunu im Kreis Umtata bis zur letzten Brosame.

Und dieses Martyrium wird eine lange und schmerzliche Hochzeitszeremonie gewesen sein.

Die Hochzeit des Volkes mit der Erde.

Aus dem Französischen von Helga Finter

OLYMPE BHÊLY-QUÊNUM
Mashoka elfu moja (Der Aufstand der Tausend Äxte)

I begin to find an idle and fond bondage
in the oppression of aged tyranny, who sways,
not as it hath power, but as it is suffer'd.
Shakespeare (*King Lear*, I, 1)

We have seen the best of our time: machinations,
hollowness, treachery, and all ruinous disorders,
follow us disquietly to our graves.
Shakespeare (*King Lear*, I, 11)

Blaise Senghor war der erste, der diese Novelle gelesen hat, aus der er gerne einen Film über ‹das unabhängige Afrika› gemacht hätte, und ich erlaube, sie in französisch zu veröffentlichen, um zu dem Kampf Nelson Mandelas beizutragen; der Tod hat unglücklicherweise meinen Freund daran gehindert, sein Projekt zu verwirklichen.

Der alte Anikokou lächelte mit den Augen. Als Ältester der Zunft der Grobschmiede von Alfajiri hatte er die traditionellen Werkzeuge auf mancherlei Weise verändert: härtere und widerstandsfähigere Klinge, leichterer oder kürzerer Griff; besser gesagt, eine leichtere oder breitere Klinge als früher, die aber gleichzeitig mit einem kürzeren und weniger schweren Schaft versehen war.

Mitglieder der Zunft – und auch Kunden – hatten anfangs heftig protestiert; aber schließlich meinten die Benutzer, daß die Änderungen nicht eines gewissen Reizes entbehrten: Die Werkzeuge erschienen ihnen handlicher und zweckdienlicher. Auch diejenigen unter den Grobschmieden, die zuvor den Ältesten kritisiert hatten, mochten ihm die Anerkennung nicht mehr verweigern.

«Hätten wir es dir nicht gesagt, wären wir im Unrecht, und die Götter würden uns mit einem bösen Blick ansehen...»

«Die Angst vor den Göttern – eine wichtige Empfindung – charakterisiert die um den Fortschritt ihres Land besorgten Kinder von Alfajiri», kommentierte der alte Anikokou.

Die Delegation seiner ehemaligen Lehrlinge, die nach dem Abendessen zur Versöhnung gekommen war, obgleich es niemals einen wirklichen Streit zwischen ihnen und ihm gegeben hatte, folgte ihm, die Hände auf dem Rücken, die Köpfe leicht gesenkt. Anikokou ging mit dem Schritt des ruhigen Mannes: Er hatte viele Probleme kennengelernt, und nichts drängte ihn mehr im Leben. Auf dem Platz des Dorfes Ilé-Imo setzte er sich mit seinen Freunden unter den Kapokwollbaum auf einen Baumstamm, der von drei dicken, gegabelten, in den Boden eingelassenen Pfählen waagerecht gehalten wurde und seit mehreren Generationen als Bank diente. Die Gruppe palaverte bis spät in die Nacht. Der berühmte Meister liebte sein Handwerk. Er hatte es an die dreihundert jungen Menschen aus dem ganzen Gebiet von Alfajiri beigebracht. Viele Schmiede des Landes beriefen sich auf ihn. Hacken, Äxte, Beile, Pfeile, Kreuzhacken, Dolche oder Säbel, die aus seiner Schmiede oder aus der eines seiner ehemaligen Lehrlinge kamen, trugen ein unsichtbares Zeichen, das sie jedoch deutlich von den Werkzeugen anderer Hersteller unterschied, ‹gezeichnet vom Stempel des alten Anikokou›.

Er hatte viel nachgedacht, die Götter selbst zu Rate gezogen, bevor er mit seinen Reformen begonnen hatte. Anikokou – groß, schlank, scheinbar zerbrechlich, mit lebhaften Augen in einem knochigen Gesicht – hatte krauses, leicht ergrautes Haar, ein spärliches, graumeliertes Kinnbärtchen, das er beim

Sprechen instinktiv mit den Fingern seiner linken Hand streichelte. Er trug gerne den ‹adire›, einen Lendenschurz, den er so um sich schlang, daß die rechte Seite seines Oberleibs bis zur Taille frei blieb. Aus indigoblauem Samt war seine weite ‹căká›, die, unterhalb des Knies gerafft, eine gewisse Ähnlichkeit mit Bermudas hatte.

Seine gemäßigten Reden, wie seine Begabung als großer Kunsthandwerker, trugen in ganz Ilé-Imo zu seinem Ruf bei. Die aus Europa und anderen ‹Dörfern der Weißen› importierten landwirtschaftlichen Geräte blähten zunehmend die Märkte von Alfajiri auf, doch sie konnten die Bauern und andere Landleute nicht völlig von den einheimischen Produkten abbringen. Der alte Anikokou hatte das richtige Gespür: Er hatte die Bedrohung erkannt, und nachdem er die Götter um Rat gefragt hatte, plante er in kleinen Zügen Änderungen, die sich auf alle einheimischen Werkzeuge erstreckten.

Er liebte es, bei der Arbeit Lieder zu singen, die von großen Ereignissen der Geschichte berichteten, in denen die Götter und die Vorfahren die Hauptfiguren waren. Eines Tages, als sein Neffe Noukpo die Semesterferien bei ihm verbrachte, verließ Anikokou, angeregt durch das Lied, das er sang, plötzlich seine Werkstatt. Das Beil, das er gerade bearbeitete, behielt er in der Hand. Er sprang in den Hof seiner Niederlassung, auf dem ein riesiger Oleander mit dichtem und beruhigendem Schatten stand, deutete drei Schritte eines Kriegstanzes an, hielt inne, legte das Beil auf die Erde, schlang die Kordel seiner faltenreichen, mit weiten, tiefen Taschen versehenen Hose um die Hüften, nahm das Beil wieder auf und begann einen Kriegstanz.

Tausend Erinnerungen drängten sich in seinem Kopf: Hatte er nicht mit fünfzehn Jahren an einem Kampf teilgenommen zwischen Ilé-Imo und dem Dorf Fissilè, das, völlig dem Boden gleichgemacht, von der Bildfläche verschwand? Anikokou schwang das Beil, das zu einer Kriegswaffe geworden war, über seinem Kopf, stürzte sich auf den fliehenden Feind, hielt dem Mutigen stand. Dann flog die Waffe aus seiner Hand, um den

Flüchtenden in mehr als fünfzig Metern Entfernung zu treffen, oder er schlug heftig auf den Mutigen ein, der standhaft zu kämpfen entschlossen war.

Noukpo bewunderte ihn: Er liebte seine Freude, seine Geschmeidigkeit, seine unerschöpfliche Kenntnis der Stammesgeschichte von Alfajiri. Der Onkel hörte plötzlich auf zu tanzen: Er hatte bemerkt, daß das Beil verbessert werden konnte. Er betrachtete das Gerät, betastete die Schneide, klopfte leicht auf den Kopf des Schaftes, rannte Hals über Kopf in seine Werkstatt und arbeitete dort noch bis spät in den Tag.

Am nächsten Morgen zeigte er seinem Neffen das alte und das neue Beil. Sie verließen die Niederlassung und gingen auf den freien Platz, der sich vor dem Haus ausbreitete. Noukpo wog erst das eine, dann das andere Werkzeug in seiner Hand, sprang zwei Schritte nach vorne, dann einen Schritt zurück; sein Onkel lächelte darüber, wie sich ein Städter in Schritten eines Kriegstanzes versuchte. Der Student schwang das alte Beil, schleuderte es gegen einen Baum, der etwa fünfzig Meter vor ihm stand; er erreichte das Ziel. Dann nahm er das neue Beil, ließ es über seinem Kopf wirbeln und schleuderte es weiter – mit der gleichen Kraft wie zuvor.

«Es ist besser als das andere: Der Kopf ist schwerer, der Schaft kürzer. Es fliegt blitzschnell durch die Luft», erklärte Noukpo.

«Du bist der wahre Sohn eines Grobschmiedes», sagte Anikokou stolz. Er fügte hinzu, daß das alte Beil im Kampf der Leute von Ilé-Imo gegen ihre unglücklichen Angreifer von Fissilè benutzt worden war.

«Heute frage ich mich, ob das Gemetzel nicht noch furchtbarer gewesen wäre, hätten wir schon schneller fliegende Beile gehabt, die mit größerer Genauigkeit ihr Ziel erreichen.»

Aber die Bewohner der Dörfer bekämpften sich nicht mehr. Alfajiri ist ein freies Land geworden, regiert von seinen eigenen Kindern. Die Weißen, die das Sagen hatten und die ‹streitsüchtigen Menschen› fangen, verprügeln und ins Gefängnis werfen ließen, mußten ihren Platz an die abtreten, die sie die ‹neuen Herren› nannten. Und diese letzteren tolerierten keinerlei Übertretung der neuen Gesetze.

«In Ordnung, solange sie uns nicht daran hindern, unsere eigenen Sachen zu gebrauchen...»

«Sie werden schon noch dahin kommen: Neulich, ich meine, an dem Tag, als Markt in Kissè war, haben sie im Radio geschrien, daß man nicht gegen den Fortschritt sein dürfte.»

«Ja, und der Typ hat Sachen gesagt, die die Jugendlichen ‹Phrasen› nennen. Man hatte den Eindruck, ihre Worte richteten sich vorwiegend an uns Bauern.»

«Man darf kein ‹Fortschrittsfeind› sein. Man muß die europäische Technologie akzeptieren, die die Zivilisation bis in unsere, von den urbanen Zentren entlegensten Dörfer bringt», hatte der Informationsminister im Radio geschrien.

Der Journalist hatte in den Landessprachen Übersetzungen gegeben, die zu der Verwirrung noch beitrugen, und die Bauern vom Halbdunkel in die tiefe Finsternis schaukelten.

«Mit ihrer Art sich auszudrücken, arbeiten diese Leute daran, uns zu Fremden in unseren eigenen Sprachen zu machen.» Noukpo mußte die Rede des kulturlosen Ministers erläutern, der nicht in der Lage war, eine einzige Landessprache zu sprechen, ohne daß ihm schwere Fehler unterliefen.

Für ihn, wie für viele andere ‹verfettete Regierungstiere›, war ein unverständliches Französisch, meist schlecht übersetzt, das einzige Mittel, um sich einem Volk von Analphabeten mitzuteilen, das seine politischen Führer nicht verstand.

«Was! Diese Rotzlümmel behaupten, daß wir, die Bauern, Angst haben vor dem Fortschritt und seinen Neuerungen?»

«Ach so? Wir hatten keine Zivilisation und würden auch keine bekommen ohne die Ankunft der Weißen bei uns?»

«Sag mal, Kleiner, was nennen die denn Zivilisation?»

«Man könnte meinen, daß ihre Mütter sie den Weißen vor die Tür gelegt haben, und daß sie hier wie Entwurzelte leben...»

Es war ein Mondscheinabend. Noukpo nahm gerne an dem

Palaver unter dem großen Kapokwollbaum auf dem Dorfplatz teil. Er war zurückgekommen, um sich mit der Weisheit und der Zuneigung seines Onkels Anikokou wieder vollzusaugen.

*

Sobald er von Ilé-Imo zurück in Shoka war, der wirtschaftlichen und politischen Hauptstadt des Landes, war er wie gefangen und in eine noch nie dagewesene Schlacht geworfen: einen Streik, ausgelöst von der allgemeinen Studenten- und Schüler-Union, der ganz Alfajiri seit dem Ende der großen Regenzeitferien lähmte. Rektorat wie akademische Aufsichtsbehörde sprachen zunächst von einem ‹plötzlichen Stimmungswechsel, dem sich einige verwöhnte Kinder und kleine Anarchisten hingaben›. Aber die Unzufriedenheit dauerte schon drei Wochen. In regelmäßigen Abständen sendete der Rundfunk, ein Monopol der Revolutionsregierung, etwa folgenden Leitsatz: ‹...aber diese Studenten und Schüler, die in diesem Land doch alles haben, um glücklich zu sein, weigern sich weiterhin, ihre Studien wiederaufzunehmen...›

In einer langen Schmähschrift, einer Glanzleistung der Phrasendrescherei, im *L'Éveil de la Nation*, der einzigen Tageszeitung von Alfajiri, brandmarkte Idowu Ologbo, der Erziehungsminister, ‹die Streikenden und Intellektuellen: sie seien vollgestopft mit fremden, schlecht verdauten Ideologien, unfähig zu sagen, was sie wollen und was sie von der demokratischen und progressiven Revolutionsregierung ihres Landes erwarten›.

Das verlautbarte nach einer Ministerratssitzung. Die fünfundzwanzig Mitglieder der ‹überdrehten Regierung› hatten fünfzehn Stunden lang ununterbrochen getagt. Odunlami Majoou, der Direktor des Rundfunks, bezeichnete die Ratssitzung als ‹eine schändliche Strafe, die den würdigen, ergebenen und verständnisvollen Führern auferlegt wurde: sie, aber auch der Landesvater und Regierungschef selbst, General Mahoro Tonoudouto, mußten mittags und abends Sandwiches essen›.

Ein gewaltiger Raum von hundert Quadratmetern, die Wände tapeziert mit rotem, golddurchwirktem Leinen aus einheimischer Produktion. Dreißig Wandleuchten aus ziselierter Bronze, alle von gleicher Größe, waren an den Wänden verteilt, wo sie aufgeblühte Blumen darstellten, eine halbgeöffnete Hand oder zwei abgetrennte Hände, oder aber gekreuzte und an den Handgelenken gefesselte Reptilienköpfe, Feuer- oder Blutspucker, oder gar Phallen und Vaginen, deren seltsamer Realismus auch das abgestumpfteste Gehirn verblüffte, wenn man die elektrischen Lichter einschaltete. Die Decke, überzogen mit einer Altgoldschicht, in die Motive der afrikanischen Fauna und Flora eingearbeitet waren, bestand aus getäfeltem Teakholz, das in zwanzig Zentimeter breiten Quadraten gearbeitet war.

Wenn man dieses Meisterwerk, an dem eine ganze Zunft alter Bildhauer achtzehn Monate lang gearbeitet hatte, von nahem betrachtete, entdeckte man die nationale Geschichte der Grundlagen der Erziehung, der Symbole, die sich auf die traditionellen, religiösen Überzeugungen stützten, auf denen sich das tägliche Leben der Volksmassen aufbaute. Drei Bronzelüster aus dem achtzehnten Jahrhundert, eingeführt aus Europa und jeder fünfzig Kilo schwer, schmückten die Decke. Den Fußboden bedeckten fünfundvierzig Quadratzentimeter große, blaßrosafarbene Marmorplatten, verziert mit ländlichen, diskret erotischen Szenen, oder mit Szenen aus dem täglichen Leben, die in Mosaiken in Rot, Grün, Schwarz, Gelb und Braun gelegt waren.

Der massive Mahagonitisch im Ministerratssaal maß acht auf zwei Meter. Seine zehn geschnitzten Füße stellten Löwenpranken mit ausgefahrenen Krallen dar, die fest auf einem prunkvollen, zwölf Meter langen und vier Meter breiten Perserteppich standen. Ein rotes Tuch bedeckte diesen Tisch: Die Regierung des Generalissimus Tonoudouto durchlief eine kritische Phase, aber die Hoffnung, damit fertig zu werden, blieb bestehen.

Der Regierungschef erhob sich, ging um den Tisch herum mit bedächtiger Miene. Groß, muskulös, stämmig, etwas dickbäuchig und mit einem gediegen dicken Hinterteil. Er war Oberfeldwebel in Europa, als sein Land unabhängig wurde. Als analphabetischer Bauer, der gegen seinen Willen 1938 in die Kolonialtruppe gesteckt worden war, profitierte er von seinem Aufenthalt in Europa, um sich etwas zu bilden und zu kultivieren. Er hatte Verbindungen zu schwarzen Studenten, denen er dort begegnet war und die ihm erlaubten, sich nach dem Krieg mit den Problemen, die sich den afrikanischen Völkern stellten, vertraut zu machen.

Leidlich intelligent, doch ein wahrer Ochse vor dem Pflug, mußte er sich Kenntnisse in Recht, Wirtschaft und politischer Wissenschaft aneignen. Ein Kamerad aus der Kaserne hatte ihm ein Werk geliehen, ‹*Ausgewählte Schriften des Marxismus-Leninismus*›, ein anderer Kamerad – bei ihm hatte er eines seiner Abschiedsfeste vom Militär gefeiert – hatte ihm ein Buch über die ‹*Grundlagen der liberalen Wirtschaft*› geschenkt. Nachdem er den einen wie den anderen Schmöker verdaut hatte, interessierte sich Tonoudouto für die ‹*Grundzüge der Mathematik*› genauso wie für die Literatur; nicht für die ‹zu alten› Autoren, aber für die des neunzehnten und zwanzigsten Jahrhunderts. Wie sie die sozialen Krisen aufdeckten und analysierten und ihre Eloquenz, das begeisterte ihn. Seine Beziehungen zu den afrikanischen Studenten ermöglichten ihm auch, Bücher afrikanischer Autoren und ‹subversive› Zeitungen zu lesen.

Als Tonoudouto zurück nach Shoka kam, taxierte er schnell seine Vorgesetzten, fand sie intellektuell ungebildet und ungehobelt, aber militärisch perfekt. Er hatte ‹Kenntnisse› und sogar eine Art von politischer Strategie erworben, die den Hauptleuten, den Leutnants und Oberleutnants, die aus der Stunde der Unabhängigkeit hervorgegangen waren, fehlten. Der damalige Staatschef Mwasherati war ein ehemaliger Expedient, groß, feist, schlaff und dickwangig mit intelligenten Augen. Schwach und genießerisch, umgarnt von einer Clique ‹europäischer, technischer Berater›, fand er Tonoudouto recht schlau und folgsam: Er machte ihn zu seinem Parteichef.

Acht Monate später fand im Präsidentenpalast der Republik eine Umgruppierung statt, die sich zu einem Krawall entwikkelte, bis sie schließlich in einen Staatsstreich ausartete.

In dem Durcheinander ermordete Tonoudouto Mwasherati durch einen Dolchstoß mitten ins Herz. Nach dem Brutus-Spektakel stürzte er sich in die Menge und vergoß bittere Tränen, auf der Suche nach ‹demjenigen, der feige dem Leben des Landesvaters, eines heißgeliebten, von seinen Mitbürgern angebeteten Mannes, ein Ende gesetzt hatte›. Dann ergriff er schnell die Macht, indem er vorgab, wie kein anderer die Ideen und die ‹Philosophie› von Mzee Mwasherati zu kennen. Zum großen Erstaunen des Volkes, das sich lautstark gegen die Diktatur und den Machtmißbrauch empörte, schwiegen alle höheren Offiziere des ‹Camp Kinimandjè›, und unterwarfen sich ihrem ehemaligen Casino-Kameraden, der entschlossen war, mit Waffen zurückzuschlagen, nachdem er sie allen abgenommen hatte. Die Regierungschefs der ganzen Welt erkannten ohne Umschweife in weniger als drei Tagen den neuen Staatschef von Alfajiri an. Und keiner im Lande trauerte Mzee Mwasherati nach. Viele kritisierten ihn sogar, indem sie auf seinem Charakter als ‹sulafi› *, als ‹anasa nyingi› ** und auf ‹seinen Unterschlagungsmethoden› herumhackten.

*

Zwei Jahre nach seiner Machtübernahme umgab sich Mahoro Tonoudouto mit ‹Freunden aus der Kindheit› oder mit ‹Regimentskameraden›. Dieselben Worte, mit denen man Mwasherati und die Mitglieder seiner ‹Regierungsclique› von Zivilisten, die alle eingekerkert waren, beschuldigt hatte, kamen

* Vielfraß
** Weichling

wieder in Umlauf. Schlimmer: Kwamé Ségué'ndé, ein Student, ließ unter dem Titel ‹Die Herrschaft der allesfressenden Schakale› einige von Mao Tse-tung entlehnte Sätze, dessen Namen er aber nicht erwähnte, drucken und verteilen. Tonoudouto ging in die Falle. Er sprach von einem ‹kleinen Haufen von Studenten und Unruhestiftern, die unerträgliche und subversive Reden verfaßten, und daß man sie erbarmungslos bestrafen müßte›. Kurz nach der Ausstrahlung dieses schlagenden Beweises für Ignoranz und Unkultur durch den ‹Sender der demokratischen, progressiven und militärischen Revolution› flitzten ein Dutzend Wagen mit gefälschten Nummernschildern in voller Geschwindigkeit umher und übersäten die Stadt mit Flugschriften, auf denen dieselben Worte Mao Tse-tungs abgedruckt waren, aber diesmal in Anführungszeichen und mit Angabe des Autors.

«Mein General, die Sätze, die Eure Exzellenz den Pennälern zugeschrieben haben, waren bei dem großen Genossen Mao Tse-tung entliehen.»

«Nehmt den Hauptmann Akoutou fest! Vierzehn Tage in den Bau: Er hat mich einen Ignoranten genannt!» schrie Tonoudouto, trunken vor Wut, mit hartem Gesichtsausdruck, Hände und Nacken von blutgeschwellten Adern gezeichnet.

«Generalissimus! Exzellenz, das habe ich nie gesagt!» protestierte Akoutou.

«Du hast es gedacht!» entgegnete der Staatschef.

«Niemals! Gott ist mein Zeuge! ... Vergebung, mein Generalissimus.»

«Du bist ein Homosexueller! Sohn einer Hure: fünfzehn Monate Knast! Und wenn du noch mal aufmuckst, lasse ich Mji kommen und fick sie vor deinen Augen, bevor ich dich einsperren lasse.»

Der Hauptmann Akoutou fühlte sich wie in einem Grab. Er war von mittlerer Gestalt, hatte wohlproportionierte Muskeln, feine Züge, und ein Schleier von Dummheit und Feigheit schwebte ständig um sein Gesicht. Tonoudouto befahl, daß man ihn ins Militärgefängnis brachte und gleichzeitig ‹die Verfolgung und Festnahme der Strolche, die im Land aufrührerische Artikel verstreuten›.

Fünfzig schwarze Streifenwagen der Gendarmerie breiteten sich augenblicklich mit ohrenbetäubenden Sirenen über die Stadt aus, wie das Netz eines Hochseefängers. Der Alarm stürzte die ‹Verteiler der Schandpapiere› in einen Paniklauf.

«Es wird ernst! Das ist die Jagd auf politisch Abtrünnige!»

«Bande von Halunken und Usurpatoren!»

«Neokolonialisten, Mörder!»

«Gnadenlose Mörder: Sie haben uns den Tod auf den Hals gehetzt...»

Sie rannten schneller, benutzten die unbequemsten Gassen, warfen aus vollen Händen Flugblätter über die Lateritmauern, die die Häuser umgaben, und schrien, daß Terror und Tod über Alfajiri hingen.

«Die Mörder an der Macht wollen die Jugend zum Schweigen bringen! Eltern, aus allen Ecken von Alfajiri, reagiert schnell!»

Einige sprangen aus den ‹gefälschten› Autos, die sie stehen ließen, warfen sich ins Gebüsch und verschwanden. Als die Mannschaftswagen der Gendarmerie in die Gassen der Vorstädte eindrangen, überfuhren sie auf hundert Metern fünf Studenten, deren Körper sich noch mit zertrümmertem Schädel, eingedrücktem Brustkorb, abgerissenen Armen, Beinen und Geschlechtsteilen in Zuckungen bewegten.

Einer der ‹Schlägertruppe› meinte, sein Fahrzeug sei gegen ein Hindernis gestoßen. Er beugte sich aus der Tür, sah die Überreste und den blutbespritzten Streifenwagen und stellte kaltschnäuzig fest:

«Bande von subversiven Schwänzen! Kein Grund, Staatstrauer anzuordnen.»

Mehrere Verteiler der ‹schmutzigen und sittenwidrigen Artikel› wurden eingekesselt, geschlagen, gefesselt und in die ‹Tierkäfige› der Ordnungshüter geworfen, wo sie gefoltert wurden und anderen Gewalttaten ausgesetzt waren. Abiodun, Wlanvie und Utamu befanden sich unter den von dem Streifenwagen Nr. 7895 Gefaßten. Die Bullen untersuchten sie, sprachen leise miteinander, dann losten sie. Danach packte Unteroffizier Ubaya Abiodun, eine Studentin der Volkswirtschaft, warf sie zu Boden, setzte ihr ein Knie auf die Brust und hielt ihre Hände überkreuz fest. Der Unteroffizier war ein kräftiger Mann, speckig, mit einem schwammigen Gesicht und sinnlichen Lippen. Er schwitzte, als er gegen dieses junge zwanzigjährige Mädchen kämpfte, das schlank, geschmeidig, hübsch und erstaunlich zäh war.

«Auf, Chef!» sagte Ubaya haßschnaubend. «Der Chef wird dich umbiegen, du kleine Sau! Wenn man dir einen gestoßen hat, wirst du schon kapieren, daß man sich über die bestehende Ordnung und die Autoritäten nicht hinwegsetzen darf!»

Der leitende Unteroffizier Mende, der genauso häßlich wie sein Kollege war, aber vertrocknet, mit einem widerlichen Gesicht, riß Abiodun den Rock aus ‹adire›-Stoff und die Unterwäsche vom Leib. Die übrigen Aufrührer, die mit Handschellen, gekreuzten und gefesselten Füßen auf zwei Bänken saßen, schauten machtlos dem grausamen und demütigenden Schauspiel zu, dem ihre Kameradin ausgesetzt war. Keiner von ihnen bewegte sich: Zwei schwarze deutsche Schäferhunde mit blutrünstigem Blick saßen jeweils gegenüber einer der Bänke und hielten sie in Schach. Von Zeit zu Zeit hörte man ein Knurren, gefolgt von einem kurzen Bellen. Einer der Hunde stand auf, lief einige Schritte und näherte seine Schnauze Abioduns Geschlechtsteil.

«Nicht für dich, Caïd, aber bewache sie: wenn sie mir Schwierigkeiten macht, überlasse ich sie dir und du frißt ihre Klitoris.»

Der leitende Unteroffizier Mende liebte klare Verhältnisse. Er galt als persönlicher Freund des Staatschefs, den die Untergebenen, wie auch einige Vorgesetzte, fürchteten. Er knöpfte den Hosenschlitz seiner dunkelgrünen Uniform auf und holte ein geschwollenes und gewaltiges Geschlechtsteil heraus. Abiodun, die von dem jetzt neben ihrem Kopf knienden Ubaya festgehalten wurde und machtlos auf dem Boden lag, sah den anstößigen Apparat. Instinktiv kreuzte sie die Beine und preßte ihre Schenkel zusammen.

«Ekelhaft!»

«Pervers! Obszön!»

«Ihr benutzt eine entwürdigende und verbrecherische Situation, um euch euren Phantasien zu überlassen! ...»

«Und so was befaßt sich mit der Sicherheit des Staates!» sagten die machtlos dasitzenden Studenten.

Sofort begannen die beiden deutschen Schäferhunde, die sich bereits aufgerichtet hatten, drohend zu knurren, einer von ihnen bellte dreimal und sträubte die Haare seines mächtigen Nackens.

«Die Hunde nehmen es auf sich, euch auch ohne Befehl zu antworten: zu mehr taugt ihr nicht, Bande von Memmen!» erklärte Ubaya.

«Mach keine Schwierigkeiten! Wenn du noch Jungfrau bist – was mich wundern würde –, entjungfere ich dich. Wenn du starke Gefühle liebst, wehr dich, und ich vergewaltige dich erbarmungslos. Aber bei allen Göttern, laß mich nicht die Geduld verlieren!» sagte der leitende Unteroffizier, ohne auf die Äußerung seines Kollegen einzugehen.

Mit seinen Händen, an deren Fingern er magische Ringe aus Eisen und gedrehtem Kupfer trug, übte er einen gewaltigen Druck auf Abioduns Schenkel aus, die aufschrie und deren Beine sich öffneten. Der Verteidiger der Staatssicherheit nahm sofort den so geschaffenen Platz ein und trat in Aktion, ohne einen Augenblick zu vergeuden. Abiodun sträubte sich verbissen.

«Laß jetzt ihre Hände los: Ich möchte sie allein ins Paradies führen», stieß der Mann keuchend aus.

Er ergriff die schweißbedeckten Arme des Mädchens, welches schrie.

«Verhalt dich ruhig! Du bist keine Jungfrau, und zuviel Getue könnte dich teuer zu stehen kommen. Caïd, bewache sie! Sie nervt mich allmählich mit ihren Bewegungen.»

Der Hund erhob sich augenblicklich und setzte sich an das Kopfende von Abiodun. Sie schrie vor Entsetzen, als sie seine Schnauze so nahe an ihrem Gesicht sah. Der Hund knurrte und fletschte die Zähne. Abiodun stieß einen langen Seufzer aus; ihre Nerven entspannten sich; sie fühlte sich wie eine Tote. In diesem Augenblick drang das Geschlechtsteil des leitenden Unteroffiziers tief ein. Der Mann glich jetzt wahrhaft einer Küchenschabe. Abiodun schrie und rief um Hilfe. Sie hatte entstellte Augen, den Mund vor Betäubung geöffnet, die Lippen mit Speichel bedeckt, und ihre Zunge hing heraus, als sei sie mit einer Schlinge gewürgt worden. Ihre entsetzten Kameraden, zur Ohnmacht verurteilt, weinten laut, so als hätten sie alles verloren, was ihnen das Liebste auf der Welt war. Der leitende Unteroffizier Mende setzte unerschütterlich seine Kopulation fort, bis das Ejakulat ruckweise herausfloß. Abiodun schluchzte vor Schmerzen, erschöpft und gebrochen.

Der leitende Unteroffizier spürte von ihr keinen Widerstand mehr und zog sich zurück. Er bemerkte, daß auf dem Boden Blut lag und daß seine Hose damit beschmiert war.

«Schlampe! Drecksau! Konntest du mir nicht sagen, daß du deine Tage hast?»

«Sie haben... Sie haben mich aufgerissen und entjungfert...» antwortete Abiodun und fing wieder an zu weinen.

«Jungfrau! Jungfrau... schämst du dich nicht, noch Jungfrau zu sein, Idiotin!» sagte Mende und brach in Gelächter aus.

«Mal sehen, ob du auch behaupten wirst, noch unschuldig zu sein», sagte Ubaya, indem er die Brüste von Wlanvie betatschte, die ihm ins Gesicht spuckte.

Der Unteroffizier ohrfeigte sie mit einem wuchtigem Schlag. Sie blutete aus der Nase und spuckte Blut.

«Mörder! Mörder! Mörder!...»

«Henker der Jugend!»

«Gehörnte! Ihr wollt euch an uns jungen Mädchen rächen!»

«Mörder des Volkes! ...» skandierten die Studenten, entschlossen, ihr Leben aufs Spiel zu setzen.

«Maul halten, oder ich liefere euch den Kötern aus!» befahl der leitende Unteroffizier, als er Caïd und Ajà in Angriffsstellung, mit fletschenden Zähnen sah.

«Bullenpack!»

«Imperialistenpack!»

«Kriminellenpack!» schrien die Studenten im Chor weiter, während sie ihre gefesselten Füße anhoben und sie schwer wieder fallen ließen.

Einer von ihnen schrie lauter als die anderen. Ajà sprang ihn an.

«Halt! Ajà!» befahl Ubaya. Der Hund erstarrte, die Vorderpfoten auf der Brust von Nguki, den er ins Gesicht beißen wollte.

Es herrschte Totenstille. Ajà zog sich knurrend zurück.

«Jetzt bums ich dich. Ich werde dich nach Hundeart besteigen», sagte Ubaya sarkastisch und löste die Kordel an Wlanvies Füßen, nachdem er ihr zuvor die Handschellen abgenommen hatte.

Dann zog er sie aus, ohne daß sie ihm Widerstand leistete. Nackt, senkte sie den Kopf, die Hände flach auf der Scham, versteckt in einem Büschel schwarzer Haare. Wlanvie weinte leise. Sie war ein junges Mädchen von mittlerer Größe, mit einem Körper wie gemeißelt, mit schönen, festen Brüsten und leichtgewölbtem Hintern.

«Sicher hat auch dich kein anderer Mann vor mir gefickt», sagte Ubaya und ließ einen prüfenden Blick über Wlanvies Körper gleiten.

«Wenn Sie das beunruhigt, brauchen Sie mich wirklich nicht auszuziehen.»

«Achtung, kleine Dirne! Ich habe gesagt, ich bumse dich,

zweitens habe ich dir eine Frage gestellt. Du mußt mir antworten.»

«Sie haben mir überhaupt keine Frage gestellt!» antwortete Wlanvie und fügte trocken hinzu: «Ich ging mit Ihrer Tochter Fimilé in die Schule: Wenn sie keine Jungfrau mehr ist, steht es mir frei, noch eine zu sein oder auch nicht.»

Der Unteroffizier ohrfeigte sie erneut: Anspielungen auf seine Tochter, die mit fünfzehn Jahren schwanger wurde, schätzte er nicht: zwei Tage nachdem der Vater sie erbarmungslos verprügelt hatte, bekam sie eine Fehlgeburt. Viassin, der junge Mann, der beschuldigt wurde, die Tochter des Unteroffiziers ‹entehrt› zu haben, wurde vor die Tür des ‹Tunika College› gesetzt. Auch er nahm an dem Protest gegen die bestehende Ordnung teil.

«Hure! Kleine Dirne! Auf alle viere!» schrie Ubaya.

«Ich bin kein Tier!» entgegnete Wlanvie.

«Doch! Du bist eine Hündin und ich werde dich besteigen!»

«Nein! Nein! Ich will nicht! Alles, was Sie wollen, nur das nicht!» schrie sie verstört. Sie wurde sich plötzlich der erniedrigenden Szene bewußt, in die sie der Unteroffizier hineintrieb.

«Ich befehle, daß du runter auf alle viere gehst! Verstanden?»

Wlanvie fiel auf die Knie, ausgepumpt, mit erbarmungswürdiger Miene, und ihre verwirrten, geschwollenen Augen gingen von einem Kameraden zum anderen. Alle schauten sie ohnmächtig an.

«Soll ich bis morgen warten? Vorsicht, kleine Dirne, ich gerate gleich in Wut!» warnte Ubaya.

Wlanvie gehorchte. Vor dem Anblick ihres nackten Fleisches senkten die Kameraden die Augen. Ubaya knöpfte seine Hose auf und ließ sie herunter. Aber zu seiner großen Überraschung hielt die Spannung nicht, sein Geschlechtsteil zog sich zusammen und erschlaffte. Außer sich, von Panik erfaßt, ergriff er mit voller Hand seinen Penis und brüllte, während er dabei masturbierte:

«Schlampe! Hexe! Ich bring dich um! Du hast mich verhext!»

Die Studenten vergaßen einen Augenblick ihre Situation und brachen in Lachen aus. Die Hunde bellten wütend und zwangen sie zur Ruhe. Mit einer vor Wut rasenden Geste zog Ubaya den Gürtel aus der Hose und drosch voller Wucht auf Wlanvies Rücken und Hintern ein, die schreiend, wie angenagelt, in der Stellung eines Tieres verharrte.

Der Strom war wieder da. Das Geschlechtsteil des Unteroffiziers wurde drohend, und in einem Anfall von Haß nahm er Wlanvie, die einen gellenden Schrei ausstieß. Ajà und Caïd setzten sich vor das Opfer.

«Beweise ihr, wie allein Gendarmen Lust zu machen verstehen», sagte der leitende Unteroffizier, der seinen Hosenschlitz streichelte. Unterdessen schaute er zu, wie sein Kollege das junge Mädchen mit der ganzen Wut eines verzweifelten Impotenten hernahm, bei dem, wie durch ein Wunder, der Strom plötzlich, aber nur für kurze Zeit, da war.

Als sich Ubaya mit bluttropfendem Geschlechtsteil zurückzog, sackte Wlanvie erschöpft zusammen, das Gesicht am Boden, wie gevierteilt und gekreuzigt.

«Wer von uns fickt die andere?» fragte Mende. Bei diesen Worten wurde Utamu, die kein Leben mehr in sich spürte, ohnmächtig. Alle hatten Angst, auch die Henker, keiner von ihnen wollte, daß sein Geschlechtsteil versagte.

Auf Befehl von Ku-Chinja, dem Innenminister, führte man die Aufrührer zum Präsidium der Republik.

«Jämmerliche Gestalten! ... Strolche! ... Mißratene, kleine Intellektuelle! ... Bande von Hämorrhoidenärschen!» General Tonoudouto schäumte vor Wut, während er um sie herummarschierte.

Er blieb plötzlich stehen, blickte sie erstaunt an, als hätte er eben erst die Körper der jungen Mädchen und jungen Leute bemerkt, die geschlagen, gedemütigt und zu Boden geworfen in der Sonne lagen. Er nannte sie dreckige, kleine Schurken, die von der Gendarmerie gestellt worden seien, und platzte schließlich mit großem, lautem Gelächter heraus, das seinen ganzen Körper erschütterte.

«Was sollen wir mit denen machen, mein General?» fragte der Innenminister.

«Hundert Stockschläge für jeden dieser Lausekerle!» schrie der Staatschef.

«Hundert kräftige Stockschläge, dann schmeißen wir sie ins Loch», befahl der Minister dem leitenden Unteroffizier der Gendarmerie, Omanaja, der strammstand.

«Zwei unserer Kameradinnen sind von Unteroffizier Ubaya und dem leitenden Unteroffizier Mende vergewaltigt worden», sagte Amouzou.

Bei diesen Worten ging General Tonoudouto mit großen Schritten auf den ‹unverschämten Petzer› los und spuckte ihm ins Gesicht:

«Schade, daß es unter meinen ehrenhaften Ordnungshütern keine Hinterlader gibt! Denn sonst würde ich zu gerne einen auffordern, dich so lange in den Arsch zu ficken, bis der Tod dich holt!» erklärte der Staatschef.

*

Die Sonne fiel auf die Stadt wie aus einem glühenden Kessel. Man führte die ‹Unruhestifter und falschen Revolutionäre› zum Ende des Hofes des Präsidentenpalastes, über den ein riesiger Kapokwollbaum, drei Jakaranda- und ebenso viele Eukalyptusbäume, drei große Feigenbäume ohne Früchte, Kokospalmen, Mango- und andere Bäume einen tiefen Schatten breiteten. Die Aufständischen schauten sich an – mit fragenden Blicken.

«Wenn ich nicht so machtlos wäre, würde ich mich umbringen.»

«Ich nicht. Sie werden mich schlagen, aber sie werden keinen Laut aus mir herausbringen.»

«Das sollte unsere gemeinsame Haltung sein.»

«Das bringt sie zur Weißglut, und sie sind imstande, uns umzubringen.»

«So sieht's halt für uns aus, bei diesen Hunden!»

«Fordern wir sie heraus?»

«Versprochen!»

«Versprochen!»

«Einverstanden!»

Man brachte ein Bündel grüner Peitschen, fest und biegsam. Die Gendarmen machten sich ans Werk. Die Ruten pfiffen durch die Luft, schlugen auf die Studenten ein und schnitten ihnen ins bloße Fleisch. Man hatte sie vollständig ausgezogen, ausgenommen die jungen Mädchen, denen man das Allernötigste gelassen hatte. Ein abscheuliches Bild boten die blut- und spermadurchtränkten Slips der beiden Mißbrauchten, an deren Scham ein Schwarm Fliegen hing. Die Ordnungshüter droschen mit all ihrer Kraft auf diese ‹respektlose Jugend› ein, aber niemand schrie, obgleich ihnen das Blut über Rücken und Beine lief. Einige urinierten, andere defäkierten sogar, aber alle bissen, mit geschlossenen Lippen, die Zähne zusammen, und keine Träne floß aus ihren vor Schmerzen roten, aber trockenen Augen.

Die Hüter der öffentlichen Ordnung erklärten, daß eine solche Ausdauer ein ‹Widerstand von Schwänzen› sei. Sie strengten sich an bis zur Atemlosigkeit, zumal sie nicht gewohnt waren, an einem einzigen Arbeitstag so zu schuften.

«Ich habe Durst! ...» stöhnte Almohade.

«Ich werde dir ins Maul pissen», antwortete ihm ein Gendarm und versetzte ihm noch mehr Schläge.

Plötzlich erhob sich ein Schrei:

«Maito ... Maito ... Thaaaaasi! ...»

Dann fiel der Schrei zurück in eine eindrucksvolle Stille. Es war Nguvu. Seine Großmutter mütterlicherseits war eine

Gikuyu, die nach Tanganjika ausgewandert war, wo Nguvu bis zum Alter von acht Jahren gelebt hatte, bevor er nach Alfajiri kam.

«Maito ... Maito ... Thai (Mutter ... Mutter ... Friede!)»

Vergessene Worte aus seiner Kindheit waren aus seinem tiefsten Inneren hochgekommen. Er bewegte sich jetzt nicht mehr. General Tonoudouto hatte sich in einem roten Lederpolstersessel niedergelassen und überwachte die Aktion von der Wandelhalle aus, in die er sich zurückgezogen hatte. Die Passivität eines der Aufrührer hatte bereits seine Aufmerksamkeit erregt, und er hatte sie als ‹Nihilisten› bezeichnet; aber nach dem Schrei von Nguvu mußte er eingreifen.

«Hört auf!» befahl er.

Die Schläge hörten auf zu fallen. Man merkte, daß einer der Studenten seinen Verletzungen erlegen war. Betroffenheit bei Tonoudouto: Flüche der Gendarmen, die den Toten als ‹dreckige Filzlaus› bezeichneten.

«Er hat sich umgebracht. Laßt seine Leiche verschwinden und redet nicht mehr davon», ordnete der Staatschef von Alfajiri an.

«Das stimmt nicht! Es war kein Selbstmord! Ihr habt ihn umgebracht!» schrie Wlanvie und brach in Schluchzen aus.

Alsdann fingen alle Rebellen an, ihren Kameraden Nguvu laut zu beweinen. Sein Leichnam war übersät von blutenden Hiebwunden; er lag auf der Erde im friedlichen Schatten der Bäume, mit starrem Blick und vor Erstaunen geöffnetem Mund, die hochgezogenen Lippen legten seine weißen, festen Zähne frei.

«Gießt einen Eimer Wasser über sie: Das wird ihre Nerven beruhigen. Dann schmeißt ihr sie ins Gefängnis und der Blödsinn ist erledigt!» befahl General Tonoudouto.

*

Die Leichen der Studenten, die von den Mannschaftswagen der ‹Ordnungskräfte› überrollt worden waren, wurden bei ihren Eltern abgegeben. Die trauernden Familien verließen bei Nacht die Stadt und nahmen die sterblichen Hüllen ihrer Kinder mit, die sie in ihren Dörfern begraben wollten: Sie scheuten sich, die Aufmerksamkeit der Obrigkeit auf sich zu lenken, sowohl auf ihr Unglück als auf sich selber. Wenn der Staatschef erführe, wer die Eltern der Opfer waren, würde er sie ausspionieren lassen und verlangen, daß man ihm selbst die geringfügigsten Äußerungen hinterbrächte, was man mit Eifer und Kommentaren tun würde.

Die Vorsichtsmaßnahmen der Eltern von Afiwa, Mimouni, Messan, Yessouf, Latif und Nguvu, den Opfern der Strafaktion von General Tonoudoutos Regierung, veranlaßten die Gruppe, die der institutionalisierten Grausamkeit jenes Tages hatte entkommen können, die so hart geprüften Familien aufzuklären. Ein weiteres Ereignis trug zu ihrer Erbitterung bei: Man hörte, die ‹eingekerkerten› jungen Leute würden revoltieren. Das Gerücht war auch Tonoudouto zu Ohren gekommen. Er informierte sich gerne: dazu verkleidete er sich ab und zu und fuhr nachts, am Steuer eines perlgrauen Fiat A 26, allein aus. Der General wollte über diese ‹Aufwiegelei› Genaueres wissen. Er bestellte Ku-Chinja, den Innenminister, zu sich.

«Das ist nicht richtig, Exzellenz, mein General: Der leitende Unteroffizier Mende, den ich sofort habe kommen lassen, als ich von dem Klatsch erfuhr, hat mir versichert, daß es sich lediglich um einen Besessenen handelt, der seine eigenen Exkremente frißt», sagte Ku-Chinja.

«Was!... ein menschliches Wesen, das jede Scheiße in sich reinfrißt?» rief der Staatschef.

Der Minister brüllte vor Lachen über die Bedeutung, die General Tonoudouto diesem Ausdruck gab.

«Dieser Pennäler ist wie ein gutdressierter Hund, Exzellenz, mein General: Man sagt ‹mach dein Geschäft›, und er tut es auf der Stelle, ‹friß›, und er verschlingt, was er ausgeschieden hat.»

«Das ist unglaublich!... Das ist ein Phänomen!... Das muß ich mit eigenen Augen sehen», entschied der General.

Der leitende Unteroffizier Mende und sein Adjutant waren nach Yaké geschickt worden, einer Stadt, in der ein Aufstand mit einem Blutbad unterdrückt wurde. Deshalb kam Githunguri, einem kräftigen Gefängniswärter, groß, untersetzt, mit einem kantigen, täglich rasierten Gesicht, die Aufgabe zu, dem Staatschef zu zeigen, wie gut er Makaburini, den jungen Häftling, dressiert hatte.

Githunguri hatte große, schwarze, durchdringende Augen, einen sinnlichen Mund, einen dichten, schwarzen und sorgfältig gepflegten Schnurrbart. Man wußte nicht, warum, er konnte Makaburini nicht leiden und hatte vom ersten Tag seiner Haft an etwas gegen ihn. Eines Tages schlug er den jungen Mann bis aufs Blut, und der Unglückliche machte in die Hosen. Angewidert von dem, was er Anstößigkeit und Unsauberkeit nannte, befahl er Makaburini Uhalifu, umgehend den ganzen Unrat zu schlucken. Und Makisha – wie er von Freunden genannt wurde –, als hätte man ihn um etwas ganz Natürliches und Alltägliches gebeten, aß seine Exkremente. Githunguri brach darüber in Gelächter aus. Er forderte einige seiner Kollegen auf, sich ein in der Welt einmaliges Phänomen anzuschauen, und sie rotteten sich um Makisha, der folgsam seinen Stuhl kaute.

Ohne dem Häftling wie bisher heftige Schläge mit dem Gürtel zu verabreichen, gab Githunguri am nächsten Tag im Beisein seiner Vorgesetzten dem jungen Mann lediglich gebieterische Befehle, und der ließ sofort seine Hose, einen urinbesudelten Fetzen, herunter, hockte sich nieder und defäkierte.

«Das stinkt wie die Pest», kommentierten die Chefs von Githunguri und hielten sich die Nasen mit Daumen und Zeigefinger zu.

«Friß!» brüllte der Gefängniswärter, und der Student machte sich ans Werk.

«O Gott! Er ist verrückt!» riefen die Chefs des Wärters und wandten ihre verwirrten Blicke ab.

Als General Tonoudouto in Begleitung des Innenministers in die Haftanstalt kam, ließ Githunguri sein Opfer auf den Hof bringen, unter einen herrlichen und wohl duftenden Jakarandabaum. Zerlumpt, mit langem, leichenfahlem Gesicht, die Haare verfilzt, ging Makaburini vorwärts, furchtsam, mit gesenktem Kopf und gebeugtem Rücken.

«Es sieht so aus, als machst du in die Hosen?»

«Ja... ja... mein... Gene... Ge... General», stotterte der Student.

«Es scheint, du bist ein Koprophage?»

Githunguri, der das Wort nicht verstand, schien erstaunt, dann schaute er fragend den Studenten an, der antwortete:

«Ja... ja... mein... Ge... General...»

«Warum, du kleines Monstrum?»

«Der... der... Chef Githungur... der Wär... Wärter hat's... von... mir... verlangt.»

«Stimmt das, Githunguri?»

«Ja, Exzellenz, mein General», antwortete der Wärter in strammer Haltung.

«Nun! Das will ich sehen», sagte der General verdutzt.

«Runter mit den Klamotten!» befahl der Wärter. Makaburini gehorchte prompt, stand nackt da mit zerknittertem, eingezogenem Penis.

«Mach dein Geschäft!» sagte Githunguri trocken. Makisha hockte sich langsam nieder und setzte sich in Betrieb.

«Jetzt friß!»

Der Student hob mit der vollen Hand das stinkende, merkwürdige Haschee auf: aber anstatt es ruhig an seine Lippen zu führen, wie gewöhnlich, wenn Githunguri es forderte, warf er plötzlich die ganze Handvoll Kot dem General Tonoudouto ins Gesicht. Ein unerhörter Vorfall, auf den augenblicklich mit

Blitzgeschwindigkeit eine Antwort folgte: Ein Pistolenschuß fiel, von dem man zunächst nicht wußte woher, und Makisha brach zusammen, mit dem Gesicht auf die Erde, in sein Blut und seine Exkremente.

Einige der erschreckten Zeugen holten ihre Taschentücher raus, andere zogen die Westen ihrer Uniformen aus, wieder andere zerrissen sogar ihre Hemden, um das Gesicht und die prunkvolle Fallschirmjägeruniform des verhöhnten Staatschefs zu säubern. In dieses Durcheinander von Menschen, die von Angst und Beklemmung gepackt waren, krachte noch ein Schuß. Githunguri schrie auf und fiel seinerseits zu Boden. Da bemerkte man, daß der General Tonoudouto, steif, das Gesicht verschmiert, seine Waffe noch umklammert hielt.

Er war ein Eliteschütze. Er stieß einige unverständliche Flüche aus, eilte mit großen Schritten zu seinem gepanzerten Auto, einem schwarzen Mercedes, der wie ein Wirbelwind unter den gellenden Sirenen der Streifenpolizisten, die ihn eskortierten, davonfuhr.

Die Neuigkeit von dem zweifachen Verbrechen des Generalissimus Tonoudouto, alsbald in Shoka bekannt, verbreitete sich in ganz Alfajiri. Die Ermordung von Makaburini brachte die Entschlossenheit der Studenten auf den Höhepunkt. Die jungen Männer und jungen Mädchen, die der Staatschef in fünf Rundfunkansprachen, die er innerhalb von zwei Wochen gehalten hatte, pauschal als Nihilisten, übersättigte, verhätschelte und verdorbene Kinder bezeichnet hatte, machten sich daran, in afrikanischen Sprachen den Eltern ihrer ermordeten Kameraden die wirtschaftliche, politische und soziale Situation des Landes darzustellen.

«Der einst blühende Handel unserer Mütter und unserer Schwestern trug zum Ansehen des Landes bei. Jetzt gibt es keine Händlerinnen mehr: die Verkäuferinnen von Stoffen, Kurzwaren und Handwerksprodukten aus einheimischer Herstellung wandern in Nachbarländer aus, wie zum Beispiel Sourou.»

«Unsere Schwestern, von den Politikern und anderen Blutsaugern verführt, geben sich der Prostitution hin.»

«Habt ihr den Zustand der Straßen dieses Landes bemerkt? Löcher!...»

«Der Straßenbauminister nannte sie ‹kleine Schlaglöcher, über die sich die Intellektuellen und der Republik feindlich gesinnte Anarchisten lustig machen›.»

«Schau doch unser Shoka an! Nicht die Regierungsviertel, aber die Stadt selbst, in der sich 85 Prozent ihrer zweihundertsechzigtausend Einwohner zusammenballen: Bei den ersten Sonnenstrahlen entweicht den Abfallhaufen, die sich täglich in den Häuserwinkeln oder mitten auf den mit Rissen durchfurchten Gassen ansammeln, ein gigantischer Gestank.»

«Nguvu beschäftigte sich auch mit Feststellungen dieser Art», sagte mit weit entfernter Stimme der Vater des Verstorbenen, ein Mann um die Fünfzig, hager, traurig, mit leicht ergrautem Haar.

Die Armut zehrte schon an ihm, als ihn das Unglück traf. Die Blicke der Freunde seines Sohnes, noch überwältigt von den Ereignissen, richteten sich auf ihn.

«Nguvu schrieb über die Probleme des Landes. Vor einigen Wochen hat eine afrikanische Zeitung eine Geschichte der Alfajiri und über Schmiergelder und Stammesfilz veröffentlicht. Der Artikel trug nicht den Namen meines Sohnes, aber der ‹Minister der Knüppel- und Schlagstockdiener›* hat gesagt, daß mein Sohn der Autor sei: Also hat er ihn kommen lassen: dort hat er ihn angebrüllt und beschuldigt, er wolle im Lande Verwirrung und dummes Gewäsch verbreiten. Nguvu hat sich nicht unterkriegen lassen, und da der Minister keinen Beweis für seine Anschuldigungen hatte, ließ er ihn in Frieden. Aber bevor sie ihn freigelassen haben, sind die Typen mit den Gummiknüppeln gekommen und haben das Haus durchwühlt. Sie haben Kisten, Krüge und Körbe umgeworfen und sind sogar

* Der Innenminister

unter die Dächer der drei Hütten unserer Niederlassung gestiegen. Sie haben nichts gefunden...»

«Nichts?» wunderte sich Koovi, ein untersetzter junger Mann mit einem Kopf aus Stein, jetzt bandagiert wie eine Mumie, weil die Gendarmen ihm grausam zugesetzt hatten, bevor er ihnen entwischen konnte.

«Nichts: Diese Typen können nicht lesen. Sie haben Hefte von meinem Sohn genommen, sie durchgeblättert, sie geschüttelt, als sollten Geldstücke herausfallen...»

Nguvus Mutter, genauso hager wie ihr Mann, der noch zwei weitere Frauen hatte, hatte aus der Hütte des Verstorbenen zwei verschnürte Kartons mitgebracht, vollgestopft mit Heften und mit Blättern gefüllten Mappen. «Hier sind die Sachen, die sie durchwühlt haben. Einer des Schlägertrupps hatte gesagt, er würde sie verbrennen, der andere, daß es der Mühe nicht lohnte, weil dieser Sack von Student imstande wäre, es überall in der Stadt zu erzählen und in den reaktionären und abwegigen Scheißblättern zu schreiben, daß die Gendarmen seinen Eltern die ganze Habe gestohlen und ihre Kleider verbrannt hätten.»

Houssou nahm einen der Kartons und machte ihn auf. Er war Nguvus bester Freund. Man nannte sie ‹die Zwillinge von Wassaï›, ihrem Geburtsdorf, weil sie am gleichen Tag, fast zur gleichen Stunde geboren waren. Als Nguvus Vater seinem alten Freund die Nachricht von der Geburt seines Sohnes überbringen wollte, traf er Konoumé, der in großer Eile daherkam, um ihm das glückliche Ereignis mitzuteilen, das seine ganze Niederlassung in einen Freudentaumel versetzt hatte. Sie fielen sich in die Arme, schüttelten sich und hoben sich dann gegenseitig hoch. Ihr kräftiges, schallendes Lachen dröhnte durch das ganze Dorf. Sie erzählten den Freunden von ihrem Glück und begossen es gemeinsam mit ihnen reichlich mit Elefantenlauswein und Schnaps. Grottenvoll waren sie nach Hause gegangen und hatten durch die tiefe Nacht geschrien, die beiden ‹Zwillinge von Wassaï› würden Draufgänger werden, deren sich Alfajiri nicht zu schämen brauchte: halt Männer!

Houssou sah in ein, zwei, dann drei Hefte voller Aufzeichnungen, sogar redigierter, gestrichener, korrigierter und noch mal sauber abgeschriebener Texte.

Er entdeckte markierte Stellen, die zusammen das Wesentliche des ihm zur Last gelegten Artikels enthielten, der in einer senegalesischen Zeitung, anderswo in Afrika und auch in Europa erschienen war, unter Titeln wie: ‹Von der Verwesung in Alfajiri›, ‹Die Institutionalisierung des Stammesfilzes›, ‹Schmiergelder und Stammesfilz in Shoka›.

«Seid ihr sicher, daß Nguvu unschuldig war?» fragte er schließlich die Eltern seines Freundes.

«Was weiß ich? Ich war nie bei den Weißen und kann nicht lesen», sagte Aminifu, die Mutter des Verstorbenen.

«Ich glaube, daß mein Sohn den Mut und die Kühnheit hatte, das anzuklagen, was er ‹den Krebs des Landes› nannte, aber ich könnte nicht sagen, ob er der Autor der Zeitungsartikel war», erklärte der Vater, gleichzeitig traurig und stolz.

«Niemand hier kann ihm vorwerfen, das Volk informiert zu haben. Oder sollte es ein Verbrechen sein, die Aufmerksamkeit auf die Methoden zu lenken, mit denen die Machthaber das Land ruinieren? Man ist Patriot, oder man ist Komplize des Machtmißbrauchs.»

«Man vermutete, daß die Artikel aus der Feder von Nguvu stammten. Ich würde unseren armen Kameraden deswegen nicht tadeln», erklärte Ajuwa, ein großes, elegantes Mädchen mit schwarzen Samtaugen.

Sie hatte in London gelebt, in den progressiven Bewegungen gekämpft und fand, daß die politische Staatsmacht von Alfajiri den Stalinismus praktizierte.

«Ich auch nicht», sagte Houssou und las aus einem Heft mit lauter Stimme einige markierte Passagen vor.

«Auch im sozialen und moralischen Bereich macht sich ein ungeheurer Modergeruch bemerkbar. Die Obrigkeit selbst arbeitet daran und verhindert, ihn auszutilgen und ans Tageslicht zu bringen... Vor einigen Jahren war der Stammesfilz in gewissen südlichen Regionen lebendiger als im Norden. Zur Stunde hat sich das Phänomen praktisch verallgemeinert. Es ist zu einem Spinnennetz geworden, das sich über das ganze Land zieht.»

«Im Norden haben 87 Prozent der über die Motive für ihr tribalistisches Verhalten befragten Personen geantwortet, daß man zwangsläufig dahin gelangt, angesichts der Schikanen, denen wir im Süden ausgesetzt sind, einfach nur deshalb, weil wir nicht aus derselben Gegend oder vom selben Volk sind.»

«Im Süden haben 61 Prozent der Befragten ‹die aktuelle Reaktion unserer Brüder im Norden als normal› bezeichnet und erklärt: ‹Die Schuld trifft die großen Tribalisten gewisser Stämme im Süden, die, sobald sie an der Macht sind, im wahren Sinne des Wortes die Verwaltung, die geheimen Gefilde der Politik und der Diplomatie mit Leuten von ihrer Seite oder aus ihren Dörfern verstopfen›.»

«77,6 Prozent der im gesamten Gebiet Befragten haben versichert, daß ‹die Leute, die von gewissen Personen durch das Zusammenspiel der Stammesangehörigen eingesetzt wurden, die Stammespolitik ihrer Schirmherren verfolgen, selbst wenn diese nicht mehr die starken Männer des Landes sind. In Alfajiri sind die Verwaltung und das Ministerkabinett die bevorzugten Orte des Stammesfilzes, zumal man das ganze Staatsgebiet berücksichtigen muß›.»

«Es ist ein subtiler Prozeß, basierend auf einer Arithmetik, genauso kompliziert, wie das japanische Go. Ein schreckliches Übel, ein Krebs, der sich institutionalisiert.»

Die Zuhörer stießen einen Seufzer aus. Man hätte meinen können, sie wären von einem Gewicht befreit, das sie erdrückte.

«Alle Passagen, die Houssou uns gerade vorgelesen hat, standen in dem Artikel, den Nguvu angeblich geschrieben haben soll», bemerkte Idoussou, ein hagerer Bursche, intelligent, sehr beweglich, der den Bullen entkommen war, ohne auch nur einen ihrer Angriffe abbekommen zu haben.

«Wenn den Bestien Seiten aus diesem Heft in die Hände gefallen wären, wäre unser bedauernswerter Nguvu verhaftet und gefoltert worden, wie es jetzt Sitte ist. Vielleicht wäre er öffentlich hingerichtet worden, um ein Exempel zu statuieren», sagte Houssou, der den Spitznamen ‹das Gehirn› hatte, weil er Situationen schnell analysierte und zu Schlüssen oder Vorhersagen kam.

«Sollen wir dieses Gesindel von halbgebildeten und mittellosen Militärs ungeschoren lassen, das nach und nach in der Politik ein Ventil sucht und findet?» fragte voller Haß Kilanko, während er schnell von seinem Schemel aufstand, auf dem er in sich zusammengesackt war.

«Du liebst Krawalle, das weiß man: aber über welche Waffen verfügst du? Welche Waffen schlägst du uns vor, um gegen diese Mörderbrut anzutreten, die mit Gewehren, Pistolen, Sprenggranaten und einwandfreier Munition ausgerüstet ist?» fragte Mewu, ‹der Philosoph›.

«Shoka!» *

«Mashoka! Mashoka elfu moja!» ** überbot Kungo, Nguvus Vetter.

Alle, außer den beiden, brachen in Lachen aus. Aber Noukpo erinnerte sich plötzlich an den Tanz des ehrwürdigen Anikokou: Als sei die Idee der tausend Äxte zuerst ihm gekommen, unterbreitete er seinen Plan, entwickelte eine erstaunliche Kriegsstrategie, an der nicht zu rütteln war. Die Idee schien nicht spontan: Sie mußte langsam in seinem länglichen, fülligen, schwarzen, immer sorgsam gebürsteten und auf der linken Seite gescheitelten Krauskopf gereift sein.

«Wir müssen notfalls das Volk aufrufen, mit der Waffe in der Hand sich gegen die Repression zu erheben, die eine Clique

* Suaheli-Wort. Es bedeutet ‹Axt›. Shoka, die Hauptstadt von Alfajiri, hatte die Form einer Axt, daher sein Name.

** ‹Tausend Äxte› (‹Mashoka› ist der Plural von ‹shoka›, ‹elfu› bedeutet ‹tausend› und ‹moja› ‹eins›.)

von Militärputschisten ausübt und die das Land zu einem Leben unter ihrer blutigen Diktatur zwingt! ...Ja, man muß standhaft kämpfen, sich der Aggression, dem Machtmißbrauch, mit dem versucht wird, uns zum Schweigen zu bringen und das Volk zu vernichten, widersetzen: ‹Nein› sagen zu jeder Form von politischer Unterdrückung und zur Diktatur.»

«Habt ihr nicht festgestellt, daß selbst die Insekten sich nicht anpassen, sondern deutlich zeigen, wie hartnäckig sie sich der kalten Asche, dem Absud und anderen Mitteln widersetzen, mit denen unsere bäuerlichen Eltern sie zu vernichten trachteten, weil sie sich an die Früchte ihrer Felder heranwagten?»

«Habt ihr nie die Enttäuschung, die Verzweiflung und die Verzagtheit unserer durch die seltsame Resistenz der Insekten frustrierten und entwaffneten Eltern erlebt?»

«Sollten wir weniger sein als kleine Viecher? Sind wir Unterinsekten, die das Politikerpack, welches das Land regiert, schließlich ausrotten wird?»

«He!... Kinder von Alfajiri... Nicht nur die Notwendigkeit, sondern auch die Würde der Männer und Frauen, die wie Bäume in dieser Erde verwurzelt sind, verlangen von uns, daß wir uns mit einer jeder Prüfung standhaltenden Widerstandsfähigkeit wappnen gegen die Unterdrückung, die Unterjochung, die Erstickung und den Tod: Wir sind besser als Insekten und dürfen niemals aufgeben. Ich habe...»

«Ja, auf keinen Fall: Die Ereignisse dieser Tage liefern so viele überzeugende Beweise. Ich bin daher der Meinung, daß wir nicht eine Politik der Leiche im Schrank praktizieren sollten», erklärte Isdine.

Die Gruppe, beeindruckt, ernst, schaute sie an, wie erschlagen von ihren Ideen.

«Meine Brüder, unser Nguvu ist ermordet worden; Kameraden sind von den Streifen der repressiven Ordnungskräfte umgebracht worden; es gab weitere Verbrechen; viele Kameraden müssen noch die Unterdrückung und die Folter der Bullen und Militärs, die uns regieren, aushalten. Die Situation ist eindeutig. Man muß reagieren, und zwar schnell: wenn nicht, werden wir unsererseits in ihren Schraubstock genommen und beseitigt. Wir müssen also handeln, die Kampagne mit Umsicht führen, Partisanen finden, ihnen die Probleme erklären und sie von der Notwendigkeit unserer revolutionären Aktion überzeugen. Dann müssen wir, sobald wir sicher sind, daß wir nicht beim ersten Schlag gegen die antidemokratische, faschistische und repressive Macht vernichtet werden, erbarmungslos angreifen», sagte Kungu mit einer Kaltblütigkeit, daß mehrere Kameraden eine Gänsehaut bekamen.

Alle sahen sich in einem kollektiven Traum auf das Zukunftsbild einer grob umrissenen Aktion losmarschieren, die die Auswüchse, die im Staat wucherten, unter das Messer nahm.

*

Fünf Monate lang gingen sie durch die Dörfer und Bauernhöfe, vereinten sich mit den Bauern, indem sie an ihren Aktivitäten teilnahmen. Am Abend hörten sie ihren Gastgebern zu, wie sie Geschichten und Legenden erzählten oder Rätsel austauschten. Die Studenten stellten fest, daß die Vergangenheit ihnen als Mittel diente, die Gegenwart und das vorhandene Regime versteckt zu kritisieren.

«Heute gibt es Transistorradios. Man zwingt uns, in jedem Haus eines zu haben, aber wenn es zwei oder drei Wochen funktionieren soll, muß man die Arbeit von drei Tagen verkaufen.»

«Ja, wenn man wenigstens die Batterien verbrauchte, um für uns, unsere Plantagen und unsere Familien interessante Nachrichten zu hören!»

«Gut gesagt, Zintin! Diese Leute reden viel, um nichts zu sagen und uns nichts beizubringen.»

«Schau doch: Immer ‹der Herr Präsident› hat gesagt, man muß das tun; ‹der Herr Präsident› hat gesagt, daß man's so macht und daß man seine Steuern zahlen muß.»

«Und die Steuern, immer die Steuern für Leute, die's gar nicht gibt.»

«Genau, Hangnan! Warum besucht er uns nicht, der Herr Präsident oder der Herr Minister?»

«Sie haben es eben nicht nötig, uns zu sehen! Weil sie uns Typen schicken, die uns das Geld, die Lebensmittel, Wild und Geflügel abnehmen...»

«Und wenn man nur ein einziges Mal ‹nein› sagt, schreien sie, daß man den Präsidenten des Landes nicht respektiert, und es gibt Stock- und Knüppelschläge.»

«Die große Sünde ist, wie sie sagen, daß wir Bauern die Würde des Staatspräsidenten schädigen.»

«Wer hat euch das gesagt?» fragte Koovi am Abend eines harten Arbeitstages auf dem Feld, an dem er mit Bauern, Verwandten seiner Mutter, bei denen er gerne das Wochenende verbrachte, plauderte.

«Na ja, Typen von der Partei, wer denn sonst?»

«Das einzige Mittel – und da ist man noch nicht einmal sicher –, sie an der Feststellung zu hindern, man habe der Würde des Präsidenten geschadet, ist, ihnen Schafe, Hühner, frischgeschlachtete und ausgenommene Schweine und obendrein Getreide und Körbe voller Früchte zu geben.»

«Das ist nicht wahr! Übertreibt ihr nicht ein wenig?» zweifelte Koovi.

«Wie, das ist nicht wahr? Fragst du, oder bist du erstaunt? Geh doch mal zur Familie Azéhouto, zur Familie Koudjégan und Balé Anikokou...»

«Sie sollen Opfer der Umtriebe der Parteileute gewesen sein?»

«Sie sind von den Typen der Regierung erpreßt worden: harte Typen von der Partei.»

«Und wenn sie versucht hätten, sich diesen Ärschen, die vom Staatschef gedeckt werden, zu widersetzen, würden sie schon längst im Gefängnis verfaulen.»

«Seid ihr auch erpreßt worden auf diesem Bauernhof?»

«Manchmal, weißt du, kommen sie mit ein oder zwei Lieferwagen und einem Wagen der Regierung...»

«Nur um zu zeigen, daß sie nicht in geheimer Mission sind.»

«Aber wir Bauern, wir lassen uns nicht so leicht das Fell über die Ohren ziehen: Wir verschwinden im Busch, wenn wir den Lärm ihrer Motoren hören.»

Hessou, Noukpo, Awa, Koussi und andere Kameraden hatten in etwa die gleichen Worte, die gleichen Klagen gehört in den Dörfern oder auf den Farmen, wo sie arbeiteten. Mindestens zweimal im Monat mußten sie sich ins Gebüsch werfen mit ihren bäuerlichen Verwandten, die sie warnten.

«Als Repressalie haben diese Herren der ‹Staatsgewalt› auf einem Bauernhof, wo ich arbeite, einen Maisspeicher angezündet», sagte Awa.

«Sie haben die Hütte des alten Anikokou niedergebrannt, nachdem sie den armen Mann geschlagen hatten.»

«Oh! Einen Greis schlagen?... Das ist unerhört!»

«Sie haben ein Verbrechen begangen, als sie seine Bleibe in Brand steckten. Sie haben entweiht, was Afrika am meisten verehrt, als sie den Alten mit einem Ochsenziemer auspeitschten.»

«Warum? Warum haben sie das getan?»

«Die ganze Niederlassung war abgehauen, als man das Zeichen gab, daß die Leute der Miliz anrückten. Großvater Anikokou hatte sich geweigert, uns zu folgen: ‹Ich habe genug davon, wie ein Dieb vor diesen Rotzlümmeln zu fliehen!› war seine Reaktion, und, nachdem er sich den ‹adire› um die Hüften geschlungen hatte, setzte er sich vor seine Hütte.»

«Wie er uns später berichtet hat, haben ihn die ‹Rotznasen› brüllend gefragt, wo sich die übrigen Bewohner der Niederlassung befänden. Sie waren in die Hütte gegangen, hatten dort ein Dutzend Äxte und Beile gefunden und gefordert, der Greis solle ihnen den Namen des Herstellers und des Verkäufers angeben, wo er die Werkzeuge gekauft habe und warum. Großvater Anikokou blieb stumm gegenüber all den Fragen. Dann haben sie ihn geschlagen, und er hat geweint. Und er ist wieder in Schluchzen ausgebrochen, als er es uns erzählt hat...»

«Oh!... Das ist doch nicht möglich!»

«Doch, so war es, und so kann es nicht weitergehen!» sagte Noukpo mit vor Schluchzen erstickter Stimme.

«Die Welt zerfällt: Die Kerls von der Revolutionsmiliz haben einen Greis geschlagen, der geweint, aber kein Geheimnis verraten hat. Daraufhin hat einer von ihnen, außer sich wegen seines Widerstands, Strohhalme von der Erde aufgesammelt, daraus eine Strohfackel gemacht, sie angezündet und auf das Strohdach seiner Hütte geworfen. Nachdem sie dieses Verbrechen begangen hatten, sind die Repräsentanten der Staatsgewalt Hals über Kopf verschwunden. Der Alte hat uns alles nach unserer Rückkehr ins Dorf erzählt, und zwei Tage später ist er seinem Kummer und auch seinen Schmerzen erlegen.»

Es war an einem Abend, an dem der Mond hell und milchweiß schien, unter dem riesigen Oleander, der seine Schatten auf den Hof der Niederlassung des alten Anikokou warf. Der Älteste der Grobschmiede liebte diese jungen Leute und die jungen Mädchen, die vorgaben, von den Schikanen und der Fäulnis der Stadt genug zu haben, und die wieder Kontakt zur Scholle und zu den Realitäten des bäuerlichen Lebens aufnehmen wollten. Er erzählte ihnen aus der Geschichte des Landes, reich an Kriegen und an Bündnissen unter den Stämmen.

«Hundertmal hatte sich das Volk entzweit, hundertmal hat es sich wieder versöhnt, wieder zusammengeschweißt, um gegen den fremden Eindringling zu kämpfen: Wie ein tapferer Mann hatte es sich gegürtet und gewappnet, um die Aggression der Weißen zurückzuschlagen. Aber den Weißen war es gelungen, das Volk in ihre Netze zu ziehen, nachdem sie einige gewinnsüchtige Mitbürger genarrt, gekauft und korrumpiert hatten, die entschieden ihr eigenes Wohlergehen über die Würde und das Wohl des Volkes von Alfajiri stellten... Und so haben wir unsere Würde und unsere Seele verloren...»

Anikokou hatte vor ihnen in groben Zügen das Bild einer aus Bauern bestehenden Volksarmee entworfen, in der jeder mit einem Beil, einer Keule und einem Dolch bewaffnet war. Er hatte sie über die Organisation und die Einsatzstrategie dieser einzigartigen Armee belehrt, deren Vision alle eine Woche lang selbst im Schlaf verfolgen sollte.

Auch hatte der alte Kämpfer seinem Neffen Noukpo beigebracht, wie man Beil und Keule handhabt. Dieser letztere weihte Abba, Dossou, Koovi, Essou, Isdine und Nguki ein, die damit beauftragt waren, Beile einzusammeln, die der Älteste der Schmiede und andere Handwerker der Umgebung von Kugloxa herstellten.

Sie hatten sich zu einer Gruppe ‹Demokratische Kräfte› zusammengeschlossen. Sie kleideten sich als Bauern, brachten Äxte und Beile in die Stadt, wo sie sie an Kameraden verkauften, ‹die überzeugt und entschlossen waren, die repressive Ordnung zu zerschlagen›, welche in Alfajiri herrschte.

So brachten jeden Dienstag, wenn in Shoka Markt war, die neuen Axtverkäufer, gegen zwei Uhr morgens in Ilé-Imo und Kugloxa in Begleitung anderer Bauern gestartet, etwa fünfzig Kilometer hinter sich und kamen gegen sieben Uhr in der Hauptstadt an. Unterwegs achteten sie auf die Gespräche der Bauern und Bäuerinnen.

«Je mehr man arbeitet, desto weniger verdient man, obwohl man uns übers Radio zuschreit, daß das Leben angenehm und leichter wird.»

«Sieh an... angenehm für wen? Für die Faulen, die das Land regieren?»

«Wenn du das regieren nennst!»

«Das stimmt, Typen, die uns die Ernte, das Geflügel und sogar das Geld abnehmen... Das sind eher Räuber.»

«Die Räuber, die tun's bei Nacht, aus Angst, geschnappt, geschlagen und auf die Polizei gebracht zu werden.»

«Das ist wahr: während die neuen Räuber sich nicht einmal verkleiden. Sie sind gut gekleidet wie die Weißen. Sie kommen im Straßenkreuzer, drohen, beschweren sich, stellen Forderungen, nehmen alles...»

«Und wenn man sich ihnen widersetzt, verprügeln sie einen wie Esel, die nicht mehr weiterlaufen wollen.»

«Hast du gehört, was sie bei Guidiglo gemacht haben?»

«Sie haben ihn offenbar ausgepeitscht, mit seiner jüngsten Frau geschlafen, bevor sie ihn ins Gefängnis eingelocht haben, angeblich weil er den Präsidenten beleidigt und auf die Revolution gespuckt hat.»

«Das haben sie schon oft gemacht, die Miliztypen. Es vergeht kein Tag, an dem sie nicht die Tochter oder die Frau eines Bauern vergewaltigen, der anschließend erpreßt wird...»

«Und der Präsident und die Minister, die sind da oben in ihrem Palast: Sie sagen nichts, um uns zu schützen...»

«Aber, wie uns schützen, uns arme Bauern, wenn die Typen von der Miliz sagen, daß sie in ihrem Auftrag handeln!»

«Schau, vielleicht greifen der Präsident und die Minister aus diesem Grunde die Bauern und die kleinen Händler an, erhöhen die Steuern und sagen, daß sie sie noch weiter in die Höhe treiben.»

«Woher denn nur, bei allen Göttern, wollen sie, daß wir das Geld nehmen?»

«Nichts geht!... Nichts geht mehr!...»

«Wenn das ihre Revolution ist, muß man vielleicht was dagegen unternehmen.»

«Was dagegen unternehmen? Bist du denn verrückt? Siehst du nicht, daß sie Gewehre und eine Menge Waffen von den Weißen haben, und die Weißen sind auf ihrer Seite?...»

«Schau, sie treiben das gleiche Spiel wie die Weißen, sie sagen, daß sie das Land von den Gemeinheiten der Weißen befreien, das stimmt, aber sie selbst sind auch gemein geworden.»

«Du hast sie nicht kapiert, die Warnung, die sie uns gegeben haben, als sie Ganglo eingesackt haben.»

«Was hat er denn gemacht, der alte Ganglo?» fragte Dossa, der vor zwei Monaten gehört hatte, wie man über den Dorfältesten von Xwégniko Andeutungen gemacht hatte.

«Die Typen von der Miliz, und dann die mit den Knüppeln, haben die Jungs von Xwégniko erpreßt und geschlagen. Sie haben sogar die Frauen und Mädchen von vielen Bauern vergewaltigt. Es gab Schlägereien. Ganglo, der Chef, hat gedroht, sich beim Präsidenten zu beschweren. ‹Was? Du beschwerst dich beim Präsidenten? Du beleidigst uns, du hast uns wie Diebe behandelt, du hast sogar deine Hand gegen uns erhoben und du hast dem Ansehen des Staates geschadet. In unserer Person hast du den Staatschef selbst beschimpft und geschlagen!› hatte die Miliz gesagt.»

«Die Leute mit den Knüppeln haben ins gleiche Horn gestoßen. Ganglo hat protestiert: Er hatte weder jemanden beschimpft noch geschlagen. Er protestierte, weil seine Schützlinge mißbraucht, mißhandelt und unmenschlich vergewaltigt worden sind. Nun, er ist nach Shoka gegangen. Man versichert, daß er den Präsidenten gesehen hat. Aber andere behaupten, daß er verhöhnt, geschlagen und ins Gefängnis geworfen worden ist, ohne daß er den Präsidenten gesehen hat. Richtig oder falsch! Der Präsident hat einen fünfundzwanzigjährigen Mann zum Ältesten von Xwégniko ernannt: Man sagt, er ist ein Neffe des Präsidenten und einer der Milizchefs.»

‹Die antirevolutionären Nihilisten› – einer der Ausdrücke, mit denen die Regierung die aufständischen Studenten belegte – wußten, wo sie auf dem Markt ihre Kameraden fanden, die unauffällig zu Widerstandskämpfern geworden waren. Sie kamen, um mit ihnen zu reden, sie zu unterrichten und sich bei ihnen zu informieren. Jeder kaufte eine, zwei oder manchmal drei Äxte oder Beile, die sie ziemlich großzügig bezahlten. Seit der blutigen Verfolgung, bei der junge Männer und junge Mädchen, die nicht alle Studenten waren, umkamen, hatten mehrere ihrer Eltern die Partei der jungen Leute ergriffen.

Die ‹antirevolutionären Nihilisten› hatten vier Monate

gebraucht, um die Familien zu überzeugen, sie in ihrem Kampf gegen ‹ein Regime von Erpressern, Schmiergeldschiebern und Mördern› zu unterstützen. Sie haben ihnen teilweise ihre Ideen erläutert, ohne jemals ihren Plan zu enthüllen.

«Jeder von euch sollte eine Axt oder ein Beil, einen Knüppel aus festem Holz und einen Dolch im Hause haben. Wenn uns diese Leute wieder angreifen, schlagen wir zurück. Ihr könnt sie damit beeindrucken, daß ihr eure Waffen ergreift, und wenn sie euch oder uns zu nahe kommen...»

Ihre Vorkehrungen und Ratschläge wurden zunächst als Scherz aufgefaßt, aber die sich allzuhäufig wiederholenden Übergriffe der Vertreter der Regierung, der Miliz und der Gendarmerie brachten Bauern, kleine Arbeiter und Arbeitslose dazu, sich für die ‹antirevolutionären Nihilisten› zu interessieren.

Wlanvie, Abiodun, Utamu und ihre Kameraden, die von den Polizisten gejagt, festgenommen, mißhandelt und vergewaltigt worden waren, bevor sie im Hof des Präsidentenpalastes der Republik geschlagen wurden, waren nach zwei Monaten Haft entlassen worden: zweifellos wegen der Flugblätter, die man in den Straßen, an den Mauern und an den Bäumen fand, und auch wegen der heftigen, oft beißenden Kritik der ausländischen Presse, informiert durch die bei der Revolutionsregierung von Alfajiri akkreditierten Journalisten.

Die eben erst ‹Begnadigten› waren schnell am Puls der Lage. Sie hörten von der ‹Regierungskaste› sprechen, von der ‹Sippschaft an der Macht, die die Bedürfnisse des Volkes ignorierte›.

«‹Diese Leute da› – wie mein Onkel sagt, der immerhin in der Verwaltung arbeitet – machen es sich an der Macht bequem: aus dem Volk hervorgegangen, wissen sie nicht mehr, was das Volk bedeutet oder verachten es. Und doch ist es das Volk, das ständig mit den Realitäten des täglichen Lebens konfrontiert wird.»

«Und er ist ein Vertreter der Öffentlichkeit, der zu seinem Neffen solche Worte sprach», sagte Mewu mit Genugtuung.

«Die Unzufriedenheit erreicht einen kleinen Kern der Verwaltung und sickert sogar in die Gewerkschaft. Aber es wäre besser, diese Leute aus unseren Aktionen rauszuhalten», sagte Tunji.

«Dank eurer Informationen haben Mewu, Wengi und ich Kontakt zu einigen kleinen Arbeitern aufgenommen. Sie sind verschwiegen, sie mögen weder Tonoudouto noch die Militärs seiner Regierung, die sie allesamt als Bullen bezeichnen. Sie können mit Axt, Beil und Knüppel umgehen und sind bereit, uns jederzeit zu unterstützen, obgleich sie die Aktion, bei der wir sie einsetzen werden, nicht kennen», informierte Noukpo.

«Das ist sonderbar naiv und leichtfertig, oder?» fragte Tafadheli.

«Zweifellos, deswegen müssen wir auch sehr umsichtig sein: beim geringsten Verdacht, beim leisesten Gerede, das unser Projekt betrifft, stößt man diese potentiellen Mitstreiter in ein Räderwerk, das sie zermalmt!» sagte Almohade.

«Ich wünsche nur, daß es nicht soweit kommt», sagte Wlanvie, deren Vetter, ein Elektriker beim Wasserkraftwerk von Alfajiri, sich als entschiedener Anhänger des erbarmungslosen Kampfes gegen die Macht entpuppt hatte.

«Du kannst sicher sein, daß wir uns bemühen, nicht zu Kriminellen zu werden, wie die, die wir bekämpfen», sagte Kissegu.

«Ich will unseren jungen Arbeiterkameraden keine Falle stellen, zumal sie alle in der Gewerkschaft nichts anderes sehen als ein ‹Heer im Dienst der Staatsgewalt›, was sie klar erkannt haben: Denn die einzige Gewerkschaft, das ‹Syndicat National des Travailleurs d'Alfajiri›, unterstützt die Forderungen der Arbeiterklasse kaum noch und trägt systematisch zum Mißlingen aller Streiks bei», sagte Almohade, unterstützt von Wengi und Tafadheli.

«Die Führer des S. N. T. A. mischen nicht zu knapp bei den Übergriffen der Militärs auf das Land mit», sagte Abiodun.

«Wir wollen keine Geschichte schreiben: das führt zu nichts. Die Realität hier vor unseren Augen, die uns zum Handeln zwingt, hängt weniger von der Tatsache ab, daß die Militärs die Macht ergriffen haben, als von den Auswirkungen der Macht, die ein Neoimperialismus ist, der das Volk unterdrückt. Und dagegen müssen wir jetzt den offenen Konflikt beginnen und das Räderwerk in Gang setzen», erklärte Kungu.

*

Nach drei Monaten Unterrichtsstreik, sporadisch genutzt, um sich auszurüsten und in Gebieten, die mindestens fünfzig Kilometer von Shoka entfernt waren, ideologisch zurückhaltende, einsatzfähige Gruppen aufzustellen, waren die ‹antirevolutionären Nihilisten› wieder regelmäßig in den Gymnasien, den technischen Oberschulen und der Universität. An Wochenenden jedoch gingen sie zurück auf die Bauernhöfe, wo sie ihr Training fortsetzten, indem sie im Sturmschritt mehrere Kilometer zu Fuß durch den Busch marschierten, mit Äxten, Beilen, Keulen und Dolchen hantierten, wie Söldner, die sich gegen die in Shoka stationierte Leibgarde der Regierung erheben. Aber sie waren keine Söldner: Als Kinder des Landes definierten sie sich als ‹demokratische Volksgewalt›, entschlossen, ‹die Schimären, die sich an der Macht tummelten, bis aufs Blut zu reizen›.

Die Rückkehr Noukpos und seiner Kameraden an die Universität verursachte erneut einigen Wirbel: Die Studenten des öffentlichen Rechts weigerten sich, die Vorlesungen zu besuchen. Boykott bei den Volkswirten und Soziologen. Am darauffolgenden Tag befanden sich die Professoren der Zellphysiologie und der Endokrinologie allein in den Sälen, in denen die Studenten sie seit Beginn der Vorlesungen freundlich empfangen hatten. Die Klassen der Gymnasien und der Oberschulen folgten der gleichen Taktik: Es war nicht mehr möglich, objektiv von einem Streik zu sprechen, ohne Gefahr zu laufen, sich lächerlich zu machen. Aber kein Tag verging, an dem nicht die Studenten von drei oder vier Studiendisziplinen oder die Schüler einiger Klassen der Gymnasien und technischen Oberschulen sich von den Kursen fernhielten oder sie verließen, nachdem sie ihre Professoren begrüßt hatten.

Der Rundfunk und der *Éveil de la Nation* sprachen, ohne es zu wagen, jemanden offen zu verurteilen, von ‹kleinen Grüppchen von Störenfriedlehrlingen der Universität und der schulischen Einrichtungen›.

Das eine oder andere Informationsmittel pries tagelang ‹die Zusammenarbeit der Regierung und des ganzen Landes, die Hand in Hand das Nationalfest vorbereiteten, dem General Tonoudouto, oberster Führer, einen einzigartigen Glanz verleihen wollte, um für immer die Einigkeit der Kinder von Alfajiri zu besiegeln›.

‹Der oberste Führer› fügte sein Körnchen Salz hinzu, indem er geradewegs zum Ziel kam: Er beschuldigte noch einmal die Studenten, beschimpfte sie als ‹Impotente›, als ‹Amputierte› und als ‹falsche Revolutionäre, die nicht einmal komisch sind, weil sie niemanden in Alfajiri zum Lachen bringen›.

Seit drei Wochen tönten in den Vierteln aller Städte und den Dörfern des Staatsgebietes, bis spät in die Nacht hinein, die Schläge der Tamtams, die Gongs und eine beachtliche Zahl von Musikinstrumenten. Die verschiedenen Ethnien oder auch einfache Gruppen der Gesellschaft probten. Die Vorbereitungen für das Nationalfest gingen voran: sie schluckten Büroangestellte, Arbeiter und Bauern, sobald sie in den Schoß ihrer Familien zurückgekehrt waren, nach einem Arbeitstag in Shoka, Lêhoué, Tchê, Aku, Iku, Obo, Idi, Dhitanji, Watazame, Kuwenda…

Die ‹antirevolutionären Nihilisten› ihrerseits schärften auf den Bauernhöfen, auf die sie sich zurückgezogen hatten, ihre Beile und Dolche. Sie führten die Schneiden auf Granitblökken, die ihnen als Schleifsteine dienten, hin und her, und in der Nacht nahm das Ohr hier und da kleine, trockene und leise

Geräusche von Eisenklingen wahr, die man an Felsbrocken schliff.

Von Zeit zu Zeit hielt man inne, um mit der Kuppe des Daumens die Schneide zu betasten. Wenn die Klinge bei diesem Versuch, scharf wie eine Rasierklinge oder eine Glasscherbe, die Haut anritzte, hörte man mit dem Schleifen auf. Dann rieb man etwas Karite-Butter auf die Schneide des Beils, bevor man es in Bananen- oder Maniokblätter einwickelte.

Eintausend Stück dieser altertümlichen Waffe wurden so vorbereitet für den Ernstfall eines Angriffs.

In Shoka ließen die örtlichen Behörden, unterstützt von Milizeinheiten, Lautsprecher anbringen, entlang der Hauptverkehrsadern, auf den öffentlichen Plätzen und an allen Straßenecken, wo sich das Volk zu normalen Zeiten zusammenfand, um sich zu zerstreuen oder um ernsthaft zu palavern.

Die Straßen waren mit Flaggen in den Nationalfarben, mit Papiergirlanden und mit bunten, elektrischen Lampen dekoriert, von denen einige – sie stellten Figuren von Faunen und Monstern, Vogelköpfe oder rituelle Masken dar – an eine Blinkanlage angeschlossen waren, die von dem staatlichen Wasserkraftwerk aus kontrolliert wurde.

Es sollte Volksbälle und Kostümfeste geben. Die traditionellen Folklorevereine würden ihren Talenten freien Lauf lassen, und das ganze Land, belebt von einem unerschöpflichen Atem, der aus der Brust der Heimaterde aufsteigt, würde endlos tanzen, zu den rhythmischen Klängen der Tamtams, Gongs, Kpétés, Filimbi, Assans und Tobas, begleitet von Liedern.

Die Zeit beschleunigte ihren Lauf. In zwei Tagen würde das Land im Freudentaumel sein. Versammelt in der Niederlassung des verstorbenen Anikokou, berieten sich die ‹antirevolutionären Nihilisten›, brachten ihre letzten Ideen in Einklang, bevor sie sich, kurz vor Sonnenuntergang, auf den Weg nach Shoka machten. Sie durchquerten Busch- und Waldgebiete, drangen in einen Eukalyptuswald ein, wo sie sich wie vergnügte Kinder amüsierten. Dort überraschte sie die Nacht: sie biwakierten um ein Holzfeuer, wo sie die Abendsendung hörten, dank eines kleinen Transistorradios, von dem Almohade sich niemals trennte. Genauere Angaben über die Vorbereitungen des Nationalfestes waren der allgemeinen Information und der aus Banalitäten, weitschweifigen, langweiligen und abgedroschenen Reden bestehenden politischen Umschau gefolgt.

«Hör nur, die übertriebenen Wortgefechte unseres nationalen Ektoplasmas waren nicht im Programm», hatte Khalfani gesagt, ein Vetter von Nguvu, ein hübscher junger Mann, kräftig, mit kaltem Blick, dessen Beil- und Dolchhiebe von einer erstaunlichen Präzision waren.

«Sie sind vielleicht müde», hatte Xwasou gemurmelt.

«Müde oder nicht, in Shoka gibt es einen gewaltigen Misthaufen, in dem die ganze verquirlte Scheiße gepredigt wird, die aus der Unabhängigkeit hervorgegangen ist: Es ist der repressive Staatsapparat, den man zum Entgleisen bringen muß, indem man ihn an seinem Räderwerk trifft», hatte Mauridi erklärt, ein anderer Vetter von Nguvu.

Sie verbrachten eine recht tiefgründige Nacht am Feuer und setzten ihren Weg gegen vier Uhr wieder fort. Der nächtliche Tau hatte das Gras feucht gemacht. Sie sammelten die Wassertropfen von den Topinamburblättern, die groß waren wie Elefantenohren, benutzten sie, um sich zu waschen, sich den Körper mit beiden Händen abzureiben und sich den Mund auszuspülen.

Sie befanden sich nun in einem Wald von blühenden Jakarandas, wo sie sich im Laufschritt weiterbewegten, tief einatmeten, laut durch den Mund ausatmeten, und ihr Atem in der Luft war wie Dampf, der einem mächtigen, siedenden Kessel entweicht.

Die Sonnenstrahlen, die in den Wald eindrangen, spielten mit Beeren in lebhaften Farben, mit bunten und zahlreichen Blumen: die Früchte der Passionsblumen kletterten durch das dichte Geäst der Sträucher, und die Vögel, wach geworden mit dem Beginn des Tages, belebten das Gebüsch mit ihrem vielfältigen Gesang.

Es mußte vierzehn Uhr sein. Die ‹falschen Revolutionäre› nahmen ihre Mahlzeit ein, indem sie sich über die Reste ihres Reiseproviants hermachten. Sie schätzten das frische und saftige Fleisch der Passionsfrucht. Als Noukpo und Wengi einige Zweige sahen, die noch Blüten trugen, gingen sie auf sie zu.

«Dies ist eine Blume voller Symbole», sagte Wengi.

«Ich verstehe nichts davon, aber ich gebe zu, daß die Passionsblume wunderschön ist.»

«Das ganze Ende der Tragödie Christi läßt sich aus einer aufgeblühten Blume herauslesen.»

«Reminiszenzen an deine christliche Erziehung und Kultur?»

«Zweifellos, aber es ist verblüffend, eigenartig bedeutsam, so viele immer noch aktuelle Wirklichkeiten in einer offenen Blüte zu entdecken», sagte Wengi.

«He!... Keine Metaphysik und keinen Anthropomorphismus, mein Lieber.»

«Ndiyo Bwana...

Asante sana rafiki...

Lazima twende sasa.

Mimi tayari kutoka», sagte Wengi, während er eine Passionsblume pflückte.

«Herr, was schöne Dinge in unserem Land!...» flüsterte er.

«Gut so, träum dich im Wald aus: das hilft dir, deine Energie zu steigern.»

«Vielleicht, aber du mußt anerkennen, Noukpo, daß uns die Stadt fast unserer Substanz und selbst der unseres Landes beraubt hat», antwortete Wengi.

«Das ist wahr: Hier wie auf den Bauernhöfen, auf denen ich meinen ‹Ruhestand› verbrachte, habe ich das Gefühl, wieder mit der Wirklichkeit Alfajiris in Berührung zu kommen», sagte Isdine, der sie eingeholt hatte.

«Oh, ich werde niemandem den Prozeß machen, der die Stadt dem Lande vorzieht...»

«Die manichäischen Unterscheidungen lassen mich ziemlich

gleichgültig, aber Infrastrukturen, Einführung von Industrien, Errichtung von Schulen und Universitäten, Ausbildung von Lehrern und Papperlapapp sind alles Köder, riesenhafte und alte Saugpumpen, deren sich Shoka bedient, um unsere Dörfer und Landgebiete zu schlucken», sagte Tafadheli, ein junger Soziologe, der die ‹Methode der Annäherung› von Nguvu nicht besonders mochte.

«Blabla... hören wir auf, über diese Leute zu tratschen. Sie haben das Sagen über uns, das ist eine Tatsache, und uns geht's wie den Fröschen, die einen König haben wollten. Gut, jetzt wissen wir nicht mehr, was wir mit dem großen Lurch machen sollen...»

«Ja, abgemacht: Verzichten wir auf rückständige Bilanzen.»

«Genau: Zuviel über ‹früher› reden entfernt uns von der heutigen Realität und trübt uns den Blick für die Bedeutung unserer unmittelbar bevorstehenden Aktion: Solange wir nicht schnell von der Reflexion zu einer durchschlagenden Handlung übergehen, bleiben wir die, die man als ‹große Kinder›, als ‹trotz der Unabhängigkeit ewig Kolonialisierte› abgestempelt hat», sagte Khalfani.

Sie hatten ihre zweite Nacht im Wald verbracht. Die Zeit war plötzlich knapp geworden, und mit Tagesanbruch kündigte sich das Fest in einer eigenartig romantischen Morgendämmerung an, unter einem malvenfarbenen, wie von Jakarandablüten gefärbten Himmel. Die ‹verdammten Verrotteten der Nation› – wie sie der Minister Ku-Chinja bezeichnete – blieben im Wald. Einige gingen in die Stadt, um mit den Freunden Kontakt aufzunehmen, denen sie letzte Instruktionen übermittelten.

Am Abend wimmelte es im Präsidentenpalast der Republik von Leuten der besseren Gesellschaft. Der Staatschef eröffnete die Festlichkeiten mit einem noch nie dagewesenen Empfang für das diplomatische Korps, die Vertreter der ausländischen Firmen und die einheimischen Honoratioren. Abgesehen von General Tonoudouto, den Mitgliedern seiner Erpresser-Regierung und den höheren Offizieren der Armee, bestand der Großteil der Gäste aus Weißen.

Die Militärkapelle hatte die neue Nationalhymne gespielt, unterdes der ganze Palast in Bewegungslosigkeit erstarrt war, wie plötzlich verwandelt.

Gleichzeitig vom Rundfunk ausgestrahlt, hatte die Hymne, als Ersatz für die alte komponiert, der die Militärregierung ‹dekadenten und affektiert-romantischen, bourgeoisen Ideologismus› nachgesagt hatte, im gesamten Territorium eine Wirkung von tragischer Leere erzeugt. Entfernt und dumpf, aber deutlich und erschütternd, als würde man selbst davon zermalmt, hörte man indessen die Nagelstiefel der Militärs den Boden hämmern, die gegen den Feind vorrückten, der in jedem Bürger steckte, der sich gegen die durch Armee und Partei symbolisierte Macht auflehnte.

Dieser Lärm im Hintergrund hatte dem Volk von Alfajiri einen gewaltigen Schauder und den weißen Gästen, die, strahlend in ihren Galagarderoben, im Hof des Präsidentenpalastes versammelt waren und sich von einem weichen, gedämpften Licht zwischen den Blättern der Jakandas überfluten ließen, kalten Schweiß und Gänsehaut verursacht.

Aber alle Gäste applaudierten und riefen:

«Es lebe die Republik von Alfajiri!»

«Es lebe der Präsident Tonoudouto, der Vater der Nation, und seine Revolutionsregierung!»

«Es lebe die Armee und die nationale Revolutionspartei!»

Man aß viel; man trank auch viel, und man mußte bis zum Morgengrauen tanzen: Das Programm sah es so vor. Aber die ‹revolutionären Nihilisten› hatten bereits unauffällig ihren Einzug in Shoka gehalten, mit all den ihren hatten sie hier und dort, an den strategischen Punkten der Stadt postiert, Verbindung aufgenommen. Sie formierten sich wie ein Abbild der einstigen Armee, von der ihnen der alte Anikokou erzählt und von der er eine minuziöse Beschreibung gegeben hatte.

Um zwei Uhr fünfunddreißig wurde Oberstleutnant Ku-

Chinja, der Innenminister, von einem Beilhieb erschlagen, der ihn an der Stirn traf und ihm den Schädel öffnete. Er stieß einen lauten Schrei aus, den aber niemand im Hof des Palastes hörte, der von Menschen im Freudentaumel wimmelte.

Er war ein Mann von großer Statur, muskulös, mit hartem Schädel. Er war Krankenpfleger in Itcha gewesen, bevor er für die Kolonialinfanterie angeworben und in die Armee des Tschad gesteckt worden war. So nahm er am Zweiten Weltkrieg teil. Er diente als Hilfssanitäter und hatte schließlich den Grad eines Unteroffiziers mit zwei Tapferkeitsmedaillen erhalten.

Ku-Chinja langweilte sich während seiner Arbeit am Royal Ashanti's Hospital mächtig, als der Kampf um Dien Bien Phu ausbrach. Er verdingte sich mit der Seele eines Söldners, tötete Unterentwickelte, wie er selber einer war, gewann eine kleine Tresse und weitere Tapferkeitsmedaillen. Aber die Geschichte bewegte sich im Laufschritt eines schnellen Athleten. Alfajiri war ein unabhängiges Land geworden, und Ku-Chinja – wie viele kleine Militärs – erklomm die Sprossen der Armee mit einer Hast, die seine ehemaligen Vorgesetzten in der europäischen Armee erschreckte.

General Tonoudouto schätzte Ku-Chinja als Vollstrecker der Repressionen, Unterdrückungen und anderer harter Schläge, die der Staatschef befahl. General Tonoudouto mißbilligte nie die Knüppeleien noch die Verbrechen der Polizei, die sein Gehilfe begehen ließ oder deckte.

Drei Wachtposten am Gittertor des Palastes, alarmiert durch die Verzweiflungsschreie von Ku-Chinja, sprangen auf und wollten zurückschlagen: Sie richteten ihre Maschinenpistolen auf die Angreifer, die sie im Hinterhalt vermuteten. Beile tauchten aus dem Schatten auf, pfiffen durch die matte Dämmerung und töteten sie.

Ein anderer Wachtposten rannte schreiend auf die Gäste zu: «Revolution! Revolution!»

Ein Beil traf ihn in den Rücken, die Schneide drang in seine Wirbelsäule ein, wie in einer unerbittlichen Falle gefangen.

Von Panik ergriffen gelangte er dennoch zum Mittelpunkt des Geschehens. Ein Leibwächter des Staatschefs streckte ihn mit einem Pistolenschuß nieder, ohne sich Gedanken zu machen, auf wen er geschossen hatte.

Plötzlich ein Stromausfall, und der ganze Palast versank in tiefer Finsternis. Es kam zu einem unentwirrbaren Rette-sich-wer-kann der Gäste, die schrien, flehten, daß man sie nicht töte. Das bewährte Notstromaggregat des Präsidentenpalastes sollte sich automatisch einschalten, wenn das Stromnetz versagte. Aber in jener Nacht reagierte das Notstromaggregat nicht. Der militärische Sonderbeauftragte, verantwortlich für die Stromversorgung des Palastes, war von seinem Assistenten, einem schon lange der Sache der ‹Nihilisten› ergebenen Zivilisten, ermordet worden. Er kletterte über die Einfriedungsmauer, sobald ein Genosse, dessen Identität er nicht kannte, genausowenig wie er die seine, vom staatlichen Wasserkraftwerk aus alle Drähte und Kabel zerschnitten hatte, die der Versorgung des Palastes dienten.

«Licht! Sofort Licht!» brüllte der Staatschef durch die Menge.

Er stolperte, fiel, und die völlig orientierungslosen, schreckendurchbohrten Gäste, die nicht mehr wußten, wohin sie liefen, trampelten über ihn hinweg.

Die ‹Nihilisten›, die den Palast umzingelt hatten, spalteten etwa dreißig mit Maschinenpistolen ausgerüsteten Wachtposten die Schädel, überkletterten die Mauern und besetzten das ‹Paradies› des Präsidenten. Einige trugen etwa ein Meter lange, als Knüppel geformte Fackeln, die aus einem speziellen und harten Harz gefertigt waren. Andere, bewaffnet mit Äxten, Beilen, Keulen und Dolchen, die an ihren Gürteln hingen, griffen die Mitglieder der Regierung an und schlugen sie nieder. Die Leibwächter, die bei jeder dieser hohen Persönlichkeiten im Dienst standen, begegneten den Eindringlingen, indem sie sporadisch Schüsse abfeuerten. Drei ‹antirevolutionäre Nihilisten› wurden getötet.

Tonoudouto stand wieder auf. Glieder und Kopf zertrampelt von der konfusen Menge, war er einer Empfindung von sengendem Schmerz ausgeliefert, der in den ganzen Körper ausstrahlte. Er erlebte das Gefühl, als sei er an einigen Stellen mit einem glühenden Eisen gebrandmarkt worden, und schrie wie ein Schwein, das man abschlachtet. Gleichwohl zog er mit äußerster Anstrengung seine Pistole, von der er sich niemals trennte, nicht einmal während eines Gesellschaftsempfanges. Er sah Axtträger auf sich zukommen, die ihm wie weißglühende Phantome erschienen, unverwundbare und feuerlodernde Monster, die sich langsam zu einem Schmelzofen entwickelten. Tonoudouto legte den Finger auf den Abzug und zielte mit letzter Kraft auf eines der Phantome. Er verfehlte es.

Drei junge Leute bemächtigten sich seiner. Man mußte ihn lebend haben. Aber die übrigen Militärs und sogar einige Zivilisten versuchten zurückzuschlagen. Da zielte der gemeinsame Haß, der den von den ‹Nihilisten› organisierten Widerstand zementierte, genau: Jede Axt oder jedes Beil trug einen Kopf davon, den die Waffe unfehlbar traf.

«Zieh dich aus!» befahl Maulidi.

Der Generalissimus, an allen Gliedern zitternd, fügte sich.

«Weiter, das andere auch», sagte Noukpo gebietend.

Der Generalissimus schaute ihn erstarrt an, und die Dummheit seiner ganzen Person erschien in seinem Gesicht wie eine Maske, die aus der Versenkung der Jahre aufgetaucht war. Er schien nicht zu verstehen, was man von ihm erwartete, oder wie er es anstellen sollte, sich vor diesen ‹Blagen› nackt auszuziehen. Almohade und Xwasou tauchten auf. Der eine ohrfeigte Tonoudouto, der andere spuckte ihm ins Gesicht, forderte ihn auf, ‹sofort seine Unterhose› auszuziehen.

Der Generalissimus fiel auf die Knie. Man hob ihn auf, und er führte den Befehl aus. Nun sah man ihn nackt, wie am Tage seiner Geburt, aber häßlich, mit einem geschrumpften Geschlechtsteil, mit großen Hoden wie eine behandschuhte Boxerfaust.

«Vergebung», murmelte er.

«Was! Du bittest um Vergebung?» sagte Maulidi erstaunt. «Feigling! Kleine, jämmerliche Gestalt!»

«Es reicht! Genug geredet», erhob sich die Stimme von Kungu, trocken und mit einer Brutalität, die man an ihm nicht kannte.

Der kleine Kreis hatte sich noch nicht aufgelöst, als ein Beil, einigen am Ohr vorbeipfeifend, den Kopf des Generalissimus Tonoudouto abriß, der mit einem dumpfen Schlag gegen die Einfriedungsmauer des Palastes prallte.

Das war Khalfanis Heldentat. Der Körper ohne Kopf lief aufrecht, mit einer erstaunlichen Würde, als wüßte er, wohin er ginge, machte kehrt, dann ein untadeliger, militärischer Gruß, bevor er unter sehr viel Blutverlust in sich zusammenfiel.

Die Rundfunkübertragung war unterbrochen. Man hatte vier der fünf Posten am Eingang des Gebäudes niedergemetzelt. Der fünfte Mann, dem lediglich von einem Beil ein Ohr abrasiert worden war, ergab sich, stellte sich augenblicklich in den Dienst der ‹Revolution› und erklärte sogar, daß er den Staatschef und den Armeeminister haßte: er wurde dennoch in das Büro des Direktors gezerrt, wo er geköpft wurde, zusammen mit diesem hohen Funktionär, der nie die geringste Sympathie für die gezeigt hatte, die er als ‹junge Anfechter, die alle Kräfte aufboten, um im Lande den Virus des sittenlosen und unmoralischen Kapitalismus einzuschleppen›, bezeichnet hatte.

Alle Rundfunkredakteure, außer drei Technikern, Mitstreiter im Kampf gegen die Miliz, die Partei und die Regierung, ergriffen die Flucht, gleich bei der Ankunft von Héssou, Wlanvie und Viassin, einem jungen Mann, hochgewachsen, muskulös, wie gemeißelt, mit hartem Gesichtsausdruck, der das Mikrofon an sich riß und die Situation schilderte.

Die Berichterstatter der ‹Partisanen der Befreiung›, die durch Walkie-talkies mit der Radiostation verbunden waren, verkündeten: «Mahoro Tonoudouto wird niemandem mehr schaden. Sein Reich hat sich gerade in nichts aufgelöst.»

Viassin sendete die Nachricht und fuhr fort:

«Shoka ist im Belagerungszustand. Alle Ausländer, die sich in dieser Stadt und im gesamten Territorium von Alfajiri aufhalten, aus welchen Gründen auch immer, sind augenblicklich aufgefordert, sich nicht in das Geschehen einzumischen.»

«Es ist eine innere Angelegenheit, eine Angelegenheit der Schwarzen: Die Begleichung einer Rechnung unter den Kindern des Landes.»

«Jeder Ausländer, ob Schwarzer oder Weißer, der dabei ertappt wird, daß er für diejenigen Partei ergreift, in denen sich der Staat verknöchert hat, wird ohne Pardon geköpft.»

«Kein Ausländer wird unter dem Aufstand am Festabend vor dem Nationalfeiertag leiden. Keinem Landeskind von Alfajiri wird etwas geschehen, solange es daheim bleibt, sich in seinem Viertel vergnügt, in seinem Dorf oder in seinem Freundeskreis.»

«Die Weißen, die im Palast der Republik eingeladen waren, müssen ihre Autos stehenlassen. Sie müssen sich zu Fuß nach Hause begeben, die Arme über dem Kopf gekreuzt. Jede Person, die man in anderer Haltung antrifft, wird ohne jeden weiteren Prozeß beseitigt. Unsere Augen sind überall. Unsere Äxte, Beile und Knüppel folgen jedem einzelnen. Jede Geste, die den ‹Tausend Äxten› verdächtig vorkommt, wird für den Urheber fatal sein.»

«Der Aufstand läßt seine blutigen Blumen blühen. Das Offizierslager ist umstellt. Das Zentralgefängnis ist geöffnet: Dort gab es mehr Opfer der Machtwillkür als tatsächliche Missetäter.»

«Minister Ku-Chinja existiert nicht mehr: Seine Leiche liegt regungslos im Hof des Palastes.»

«Leutnant Mahoro Tonoudouto, das faschistische Oberhaupt, der sich zum Generalissimus und Staatschef ernannt hatte, hat seine Seele ausgehaucht, wenn er jemals eine gehabt hat.»

«Der von den aufständischen ‹Tausend Äxten› umzingelte Palast wird unter Feuer und Blut gesetzt, wenn sich die fetten

Gäste, die General Tonoudouto dort versammelt hat, die kleinste Ungeschicktheit, die geringste Andeutung einer Gegenwehr zuschulden kommen lassen.»

«Die ‹Tausend Äxte› sind entschlossen, das Land von der illegalen Macht, die hier mit Willkür herrschte, der Diktatur, der Unterdrückung, der Ausbeutung der Armen und der Bauern zum Profit einiger einflußreicher Gruppen und vor allem von den Wurzelstöcken und den Quecken des Imperialismus zu säubern.»

«Bauern und Jugend, die ihr uns geholfen habt, nehmt eure Äxte, Beile und Knüppel, beseitigt die Miliz, die euch mißbraucht.»

«Und ihr, Genossen, die ihr ringsumher seid und gar unter einem Dach mit gewissen Individuen oder Repräsentanten der Armee und der Polizei, habt Axt und Keule schon zur Hand: Begegnet unerbittlich jeder Stellungnahme zugunsten der ektoplasmischen Regierung Tonoudoutos, das Fest jedoch geht weiter.»

«Das Volk soll sich amüsieren: in seinem Namen und in seinem Interesse erheben sich die Kinder von Alfajiri gegen den Neoimperialismus, den wir zerschlagen müssen, wenn wir nicht selbst daran zugrunde gehen sollen.»

«Es lebe die Republik!»

«Es lebe die Demokratie!»

«Es lebe die Freiheit!»

*

Die Nachricht hatte sich in der Hauptstadt und im ganzen Land verbreitet, das Volk, wie von einem erdrückenden Gewicht entlastet, äußerte enthusiastischen Beifall und fing dann in den Ballsälen wieder an zu tanzen: Das Fest ging weiter. Die antirevolutionären Nihilisten waren darüber sehr erstaunt. Die Fackelträger hatten den Hof des Palastes besetzt. ‹Kämpferische Aufklärer› – die Flammen ihrer Harzknüppel gingen überall im Palast der Republik um, wo man sie wie Gespenster wahrnahm. Sie stiegen über die Leichen, traten auf die Sterbenden, die die bewaffneten Partisanen ihrem Schicksal überließen oder denen sie mit einem Keulen- oder Axthieb ein Ende machten, wenn es sich um ein Regierungsmitglied oder um eine besonders unbeliebte Person handelte.

Sie drangen in die Räume des Palastes ein, durchsuchten Büros und Wohnungen. Keine Plünderung. Sie zerstörten kein einziges Stück aus dem Archiv, machten keinen einzigen Teller kaputt. Ein Geräusch ließ Utamu aufmerken: es war, als hätte ein leichter Wind einige Sekunden mit den Kristallen eines Leuchters gespielt. Sie gab Gitonga und Houinsou ein Zeichen, zwei der dreihundertdreißig Bauern, die am Vorabend des Nationalfeiertages in die Hauptstadt gekommen waren, weil man ihnen gesagt hatte, daß sie da sein sollten, für den Fall, daß…

Die drei Partisanen gingen mit gezücktem Beil auf die Ecke zu, aus der Utamu das Klirren wahrgenommen hatte. Dort sahen sie Idowu Ologbo, den Erziehungsminister, am Ende eines Strickes hängen, der an der Ringschraube befestigt war, die den gewaltigen Bronzeleuchter im Konferenzsaal der Minister hielt. Während des Bruchteils einer Sekunde füllten sich ihre Ohren mit dem Beifall und dem ausgedehnten Gelächter und Stimmengewirr der Faune und obszönen Gestalten, die von den Kunsthandwerkern des Landes in der Decke eingeschnitzt oder eingebrannt waren.

«Feigling! Er hat sich lieber umgebracht, als die Konsequenzen eines Aufstandes zu tragen, den er mit zu verantworten hat», sagte Utamu voller Haß und spuckte auf die Leiche.

Spezialabteilungen hatten den Auftrag, die Gendarmerie und das Polizeikommissariat wie ein Schraubstock zu umklammern. Die Parole hieß, ohne Mitgefühl zu sein gegen alle, die man als jene erkannte, die sich der Jugend gegenüber als verständnislos erwiesen hatten. Es war vereinbart worden, daß man keiner Frau noch den Kindern der Belagerten Schaden zufügen würde, jedoch die einen wie die anderen erbarmungslos bekämpfe, wenn sie die Hand gegen einen Partisanen erhöben. Man mußte die Spreu vom Weizen trennen, und in der Gendarmerie, im Kommissariat befahlen die Partisanen den Männern, die Arme über dem Kopf zu kreuzen und sich im Gänsemarsch in den Festsaal zu begeben.

Sobald sie dort waren, sagte man ihnen, daß sie sich nackt ausziehen und die Arme wieder über dem Kopf kreuzen sollten. Sie gehorchten, ohne zu murren. Die Partisanen taxierten sie und töteten einige Repräsentanten des repressiven Staatsapparates.

Wlanvie kam wie ein Wirbelwind, von fünf Kameraden begleitet, dahergefegt. Sie hatte – wie alle Nihilisten – das Gesicht mit Kaolin angemalt und die Augen mit ‹udongo mwekundu› umrandet. Diese einfache Maske gab allen das Aussehen von Monstern. Sie erkannte den Unteroffizier Ubaya und seinen Chef Mende. Sie ging mit festem Schritt auf den ersten zu. Ubayas bereits ermattetes Geschlechtsteil schrumpfte seltsam zusammen, plötzlich glich es dem Maulende einer Ratte, die zögert, aus ihrem Loch herauszukommen. Wlanvie klemmte den Fetzen zwischen Daumen und Zeigefinger und zog. Der Mann wollte reagieren: er sah sich zwei erhobenen Beilen gegenüber. Mit schneller Bewegung, ohne ein Wort zu sagen, zückte Wlanvie den Dolch von der Seite und schnitt Ubayas Glied und Hoden ab.

Der Mann stieß einen lauten Schrei aus, fiel auf die Knie, krümmte sich und brach dann in einer Blutlache zusammen. Wlanvie wandte sich gegen Mende, der über sie herfiel. Die Schneide einer Axt setzte sich in seinem Hinterkopf fest. Er drehte sich einmal um sich selbst, den Rücken bedeckt mit Blut, Auge in Auge vor Wlanvie: ihr noch blutender Dolch drang in seinen Unterleib ein.

«Gnade! Oh... Gnade!» heulte er, während er zusammenbrach...

Wlanvie holte sich ihre Waffe wieder. Mit einem Tritt ins

Gesicht stieß sie Mende um, daß er auf den Rücken fiel. Sie packte seinen Phallus, schlug auch den ab. Der leitende Unteroffizier stieß einen letzten Schrei aus, der die ganze Kaserne widerhallen ließ. Es war die Stimme eines Mannes, der gewohnt war zu kommandieren, und der es liebte, wenn man ihn von weitem hörte.

«Wir haben die Kaserne von etwa dreißig unseres Landes unwürdigen Schlägertypen gesäubert. Wir hoffen, daß euch, die ihr aufgerufen seid, die Demokratie zu verteidigen, dies eine Lehre sein wird», sagte einer der Partisanen.

«Im Kommissariat hat man alle ausfindig gemachten und bekannten Mörder pulverisiert», sagte Koovi.

«Bleibt, wo ihr seid, rührt euch nicht, solange ihr dafür keine Erlaubnis habt. Die Augen der Partisanen sind überall auf euch gerichtet und überwachen eure Bewegungen. Bei dem kleinsten Mißgriff geht die Kaserne in Flammen auf. Ihr und eure Familien, denen die Demokratie einen Strafaufschub gewährt, werdet verbrennen», erklärte Héssou mit kühl überzeugender Stimme.

Die Gruppe war zum Präsidium zurückgekehrt, während Dansou, in einer Hand die Fackel, in der anderen das Beil, vor der Kaserne mit den hohen, mit einem Kamm aus Scherben versehenen Mauern Wache stand. Er war ein untersetzter junger Mann, mit intelligenten Augen, ein Grobschmied aus Xoxa, einem von Shoka sechzig Kilometer entfernten Dorf. Jetzt hatte er den Auftrag, die Kaserne in Brand zu stecken, wenn nur ein einziger Gendarm versuchen sollte zu fliehen.

Die Mauern der Gendarmerie-Garnison waren, wie die des Offiziers- und Unteroffizierslagers, mit Benzin übergossen worden. Am Abend zuvor hatten junge Tankwarte, die sehr bald für die Sache der ‹Nihilisten› gewonnen worden waren, einige Fässer für den Aufstand zur Verfügung gestellt. Vom Zeitpunkt an, als der Strom an den strategischen Punkten abgeschaltet wurde, waren die Tankwarte an der Aktion beteiligt. Sie hatten, umringt von jungen Mädchen und jungen Leuten, die alle bewaffnet waren, die Mauern durch Spritzgeräte mit Benzin begossen. Ein Funke und es war die Hölle. Dansou war gewarnt und blieb in respektvoller Entfernung, doch behielt er ständig dieses ‹Haus des Hasses› im Auge, wo die eingesperrten und verängstigten Frauen und Kinder heulten.

Drei Uhr. Die Partisanen erreichten, nachdem sie im Palast gewirkt, die Büros und die Wohnungen inspiziert hatten, wieder den Hof. Die Gäste befanden sich dort, die einen stehend, die anderen sitzend, aber alle mit über Kopf gekreuzten Armen.

Ein Europäer sprach von Anarchisten- und Mörderschweinen.

Das Beil von Abiodun, die gerade in diesem Augenblick dicht an ihm vorbeiging, spaltete ihm plötzlich den Schädel, und der weiße Flanell-Smoking dieses vornehmen Gastes war sofort blutbesudelt.

«Warum? Warum hast du das gesagt, Georges?» heulte die Frau des Opfers, die sich auf den Leichnam warf.

«Sie haben uns verstanden, Madame. Es ist die Sache der Schwarzen, eine Sache der Kinder von Alfajiri. Jeder Weiße, jeder Ausländer, der sich da einmischt, wird unerbittlich geköpft», sagte Abiodun, gleich umgeben von einigen Kameraden.

Die Nacht ging über in einen lieblichen und roten Tag, wie ein entferntes Buschfeuer, das verlischt.

Aus dem Radiosender erhob sich die Stimme Kungus, klar und ruhig:

«Je! Wananchi ya Alfajiri!...
Tafadhalini sikiliza habari!
Ndiyo... Tumeshinda adui vitani,
Na tushangilia sana!
Sasa mwangaza alfajiri na mapema juu ya Alfajiri
Na hasa hapo ndipo mi jacaranda
Huonyesha miurujuani yake!...»

«Bürger von Alfajiri,
Höret die Nachricht!
Ja... wir haben den Feind im Kampfe besiegt
Und zeigen unseren Triumph!...
Ab nun wird über Alfajiri
Eine zarte und junge Morgendämmerung leuchten,
Und schon beschenken uns wahrlich die Jakarandas
Mit ihrer malvenfarbenen Anmut!...»

*

«Bürger und Bürgerinnen, ein einziger Ausländer wurde getötet, weil er die Mitglieder der Befreiungsbewegung als Anarchisten- und Mörderschweine bezeichnete. Wir hoffen, daß dieses Exempel den Ausländern eine Lehre sein wird, die sich in unserem Land bereicherten und stets für den Einfluß der Folterknechte auf den Reichtum, die Kultur, die Berichterstattung und die Erziehung in unserem Land bürgten.»

«Es ist drei Uhr und fünfzehn Minuten. In einer Dreiviertelstunde werden alle Weißen, die hier im Präsidentenpalast versammelt sind und die Angst hatten, zu Fuß nach Hause zu gehen, zurück in ihren Wohnungen sein.»

«Die Militärs, die Gendarmen und die Polizisten, die verschont wurden, sind augenblicklich aufgefordert, sich mit den Lastwagen der Armee und der Müllabfuhr zum Präsidentenpalast zu begeben, die Leichen einzusammeln und sie auf dem in Mintaklo vorbereiteten Scheiterhaufen zu verbrennen.»

«Keine Leiche wird begraben.»

«Das Auge der ‹Tausend Äxte›, das überall ist, wird die Widerspenstigen ausfindig machen.»

«Alle Schauplätze des zu Ende gehenden, nächtlichen Aufstands müssen von der Armee, der Polizei und der Gendarmerie, unter Mitwirkung der Müllabfuhr und unter Aufsicht des staatlichen Gesundheitsdienstes gereinigt und desinfiziert werden.»

«Die Verfassung, die nie eingehalten und systematisch übertreten wurde, ist hiermit außer Kraft gesetzt.»

«Die Partei ist abgeschafft.»

«Alle Vertreter der Parteimiliz wurden beseitigt, und das Wort Miliz wird aus dem Vokabular unseres Landes gestrichen.»

«Die Stelle der Macht wird feierlich als vakant erklärt.»

«Die freie Stelle wurde geschaffen und bleibt bestehen, bis durch allgemeines Stimmrecht ein für Alfajiri würdiger Präsident der Republik gewählt wurde.»

«Kein Militär wird jemals wieder über Alfajiri regieren.»

«Die Zivilisten, die alten Hasen der Politik, waren von dem faschistischen Militärregime eingesperrt worden. Die ‹Tausend Äxte› haben sie befreit.»

«Diese alten Alligatoren werden ausdrücklich aufgefordert, sich fernzuhalten. Keine Person, die älter ist als vierzig Jahre, kann für die Präsidentschaft der Republik kandidieren: und es wird nicht mehr als fünf Kandidaten im Wettbewerb geben.»

«Der anbrechende Tag wird für arbeitsfrei erklärt. Das Volk muß sich von den Ängsten dieser Nacht erholen.»

«Kinder von Alfajiri, in einigen Stunden werdet ihr weder Äxte noch Beile noch Knüppel in der Hand von irgend jemandem mehr sehen. Aber die ‹Tausend Äxte›, in der aufkommenden Morgendämmerung begraben, sind überall. Sie sind in dem zärtlichen Blick, die eine Frau ihrem Mann zuwirft, in dem Lächeln eurer Kinder, in der Umarmung eurer Brüder oder eurer Freunde, unter dem Tisch eures Büros, in dem Boden, den wir bestellen, bereit, sich zu erheben, wenn der Demokratie und der Republik auch nur der geringste Schaden zugefügt wird.»

«Jede Willkür wird bestraft.»

«Jede Vergewaltigung, Diebstahl und Veruntreuung werden mit der Axt geahndet.»

«Wir treten in eine neue Ära, und die Studenten, wir selbst, wie auch die Schüler sind aufgefordert, die Studien wiederaufzunehmen, für deren demokratischen Inhalt die Professoren sorgen werden.»

«Alle Tätigkeiten müssen wiederaufgenommen werden: jede Pflichtverletzung wird fatal sein für jeden, wer auch immer sie begangen haben mag.»

«Es lebe die Republik!»

Alles geschah so, wie der Rundfunk es angekündigt hatte. Niemand außer Nguvus Freunden wußte, wer gesprochen hatte. Alle Waffen waren vor fünf Uhr früh verschwunden. Die weggebrachten Leichen wurden auf Lastwagen geladen, die sich auf Mintaklo zubewegten. Da es sich um ein ziemlich begrenztes, lokales Geschehen handelte, hatte sich weder die Stadt und schon gar nicht das Land davon abbringen lassen, zu feiern und zu tanzen.

Einige Neugierige, die gegen sieben Uhr in die Gegend des Präsidentenpalastes gekommen waren, bemerkten, daß dort alles normal war.

«Außer daß der Präsident abgeschlachtet worden ist...»

«Scheint so...»

«Das ist saubere Arbeit: die Kerle haben nichts kaputtgemacht.»

«Ja, das stellt jeder fest.»

«Also haben wir keinen Präsidenten und auch keine Minister mehr?»

«Pff! Für das, was man im Land gemacht hat!...»

«Es waren Schikanierer. Selbst die Typen, die mein Vater noch als Kinder gekannt hatte und die noch drei Monate, bevor sie in die Politik gegangen sind, bei uns waren, sind offensichtlich anmaßend geworden.»

«Ja, Banditen, die alles hatten...»

«Jetzt muß man abwarten...»

«Nichts wird mehr wie früher sein.»

«Glaubst du?»

«Nun, die Leute, die sich die ‹Tausend Äxte› nennen, sagen auch, sie seien überall.»

«Bist du vielleicht einer davon?»

«Und du sicher auch?»

Sie brachen in Lachen aus und klopften sich auf den Rücken, dann starrten sie sich erstaunt an.

Aus dem Französischen von Anneliese Strauß

EDMOND JABÈS Mit Nelson Mandela

Du bist nah bei mir. Bist du frei?
Ich bin fern von dir. Bin ich frei?
Die Freiheit setzt sich über die Entfernung und die Zeit hinweg.
Und gleichwohl kann sie nichts anderes sein als ein freier Augenblick und, ihrer Eigenart entsprechend, ein erkämpftes Gelände.

Im Gedanken an Nelson Mandela ist mir dieser Text, der einem meiner Bücher entstammt, erneut in den Sinn gekommen.

Die paar wenigen Zeilen, Reflexionen über die Freiheit – als müßte die Freiheit auch gedacht werden –, sind von andern gefolgt, wie etwa von dieser:

Die Freiheit bindet mich an die Freiheit, die ich
in Bande schlage.

Oder von dieser noch:

Nach Freiheit streben heißt, beim Andern dasselbe Streben zu erregen. In dieser Umkehrung der Bande findet die Brüderlichkeit ihren Ausdruck; denn sie hören auf, ein Zwang zu sein, um zur Hefe vereinigter Freiheiten zu werden.

Das Recht auf Freiheit ist letztlich nichts anderes als das Recht, Mensch unter Menschen zu sein.

Und als ob dieses Recht endgültig erstritten wäre.

Die Schranke ist nicht immer Schranke. Sie kann unendliche Offenheit sein.

Die Wand ist das zu zerstörende Hindernis. Der Geist, das Herz – sie kennen widerständigere Hindernisse.

Es gibt Wände aus Rauch.
Es gibt Wände, die der Freiheit vertraut sind; denn gäbe es sie nicht, könnte kein Mensch wissen, daß er zumindest einmal frei gewesen ist.

Die Freiheit bestätigt sich täglich, in jedem Augenblick.
Und welches ist diese Stimme, stärker als der mit dem Stein vermählte Stein, stärker als die ehernen Gitter eines Kerkers, durch die der Tag sich schiebt und an denen die Nacht sich festklammert?

Weiße Hände des Morgens, der die vom Schatten schraffierten Hände des Gefangenen wärmt, wenn er die Gitterstäbe seines Gefängnisses staucht; schwarze Hände des Abends, welche, tastend inmitten des Dunkels, in das sie getaucht sind, nach denselben entmutigten Händen suchen.

Geballte Fäuste des Verdammten, wie ein Tintenpunkt am Ende eines entscheidenden Satzes, doch nicht wie ein letzter; denn solang es noch ein Wort, eine Zeile zu schreiben gibt, wird es keinen Schlußpunkt geben.

Diese Vokabel, diese Sätze, wie auch immer sie seien, sind unsre Freiheit. Lebendige Worte, die die Welt herausfordern, indem sie das All mit Licht erfüllen; mit einem Licht, dessen Intensität so groß ist, daß es blind macht oder verblendet; daß es verletzt oder derart verzaubert, daß wir die Augen schließen müssen. Es ist, unter jeglichem Licht, das innerste.

Mandela, der du den Namen der Mandel trägst, die süß ist für den, der ihre Süße kennt, und bitter für den, der um ihre Bitterkeit weiß.

Dieser Name nämlich ist ein Synonym für Freiheit.
Dieser Name nämlich ist eine Frucht des vom Morgentau besetzten Mandelbaums; getränkt von wohltuendem Regen oder von Tränen, die ihn zu Hunderttausenden ereilen.

O Volk, das seinen Baum hat. Seinen großmütigen und unbeugsamen Zeugen; tanzend, als pflanzlicher Leib, beweglich, inmitten seiner Tänze; singend, als Seele der jubelnden Erde, inmitten seiner Gesänge, schaudernd jedoch, und zitternd, mit dem Kind, mit der Frau, mit dem Kampfgenossen, die ihn ehren, verworfene Bewohner eines unterworfenen Landes, desselben, in dem er, mit ihnen, groß geworden ist.

Zitternd um jede Lebenssekunde einer sich selbst überlassenen Bevölkerung; jedoch, wie sie, auf die Zukunft vertrauend; in die vielfachen und verheißungsvollen Knospungen des Künftigen, die auch seine Wurzeln sind.

Die Hände, welche diesen Baum gepflanzt haben, sind heute offen gegen seine Zweige ausgestreckt, sie erwarten nicht mehr die Tröstung durch das Wort, nicht mehr die kostbare Gabe einer Frucht, sondern nehmen, in ihrem Schatten, ihr Schweigen in sich auf. So, entleert von ihrem Inhalt, faulen unsre nichtigen Worte in der Tiefe eines Worts, das an die stumme Ewigkeit zurückgefallen ist.

Diese beharrlichen Hände sind das Bewußtsein eines vom Schweigen geformten, gemeißelten Volks. Seine einzige Überlebenschance.

Ach, laßt nicht zu, daß sie eines Tages sich um einen Dolchgriff krampfen.

Laßt nicht zu, daß sie der Zärtlichkeit entsagen, weil sie der Rache sich verschrieben haben.

Man kann, wenn man in einer Kerkerzelle kauert, nicht mehr aufs Wort vertrauen. Dieses liefe Gefahr, nur mehr klingende Verlautbarung des Nichts zu sein.

Das Wort entfaltet sich am heiterhellen Tag.

Jedoch das Schweigen? Wer wagte es, sich mit ihm anzulegen?

Bündnis. Zähne zusammenbeißen. Dem Wort Einhalt gebieten. Verschwiegen sein. Festhalten. Durchhalten.

Das Schweigen ist gleich der restlosen Verwerfung unwählbarer Worte; nicht Negation, vielmehr Disqualifizierung.

Das Schweigen ist Wahrheit. Diese Wahrheit bewohnt das bewahrte Wort eines Volks. Hungert seinen Freiheitshunger aus. Bringt seinen Durst nach Gerechtigkeit zum Verdursten.

Mandela, ein Träumer, ein Denker, ein Held, ein Märtyrer, verkörpert dieses Schweigen, personifiziert diesen Baum. Darum ist er unbesiegbar.

Wie nur vermöchten seine Henker mit einem Menschen fertigzuwerden, dessen Schweigen sie bereits zunichte gemacht hat.

Aus dem Französischen von Felix Philipp Ingold

HEINER MÜLLER Die Wunde Woyzeck

1

Immer noch rasiert Woyzeck seinen Hauptmann, ißt die verordneten Erbsen, quält mit der Dumpfheit seiner Liebe seine Marie, staatgeworden seine Bevölkerung, umstellt von Gespenstern: Der Jäger Runge ist sein blutiger Bruder, proletarisches Werkzeug der Mörder von Rosa Luxemburg; sein Gefängnis heißt Stalingrad, wo die Ermordete ihm in der Maske der Kriemhild entgegentritt; ihr Denkmal steht auf dem Mamaiahügel, ihr deutsches Monument, die Mauer, in Berlin, der Panzerzug der Revolution, zu Politik geronnen. DEN MUND AN DIE SCHULTER DES SCHUTZMANNES GEDRÜCKT, DER LEICHTFÜSSIG IHN DAVONFÜHRT, hat Kafka ihn von der Bühne verschwinden sehn, nach dem Brudermord MIT MÜHE DIE LETZTE ÜBELKEIT VERBEISSEND. Oder als den Patienten, dem der Arzt ins Bett gelegt wird, mit der Wunde offen wie ein Bergwerk, aus der die Würmer züngeln. Goyas Riese war seine erste Erscheinung, der auf den Bergen sitzend die Stunden der Herrschaft zählt, Vater der Guerilla.

Auf einem Wandbild in einer Klosterzelle in Parma habe ich seine abgebrochenen Füße gesehn, riesig in einer arkadischen Landschaft. Irgendwo schwingt vielleicht auf den Händen sein Körper sich weiter, von Lachen geschüttelt vielleicht, in eine unbekannte Zukunft, die vielleicht seine Kreuzung mit der Maschine ist, gegen die Schwerkraft getrieben im Rausch der Raketen. Noch geht er in Afrika seinen Kreuzweg in die Geschichte, die Zeit arbeitet nicht mehr für ihn, auch sein Hunger ist vielleicht kein revolutionäres Element mehr, seit er mit Bomben gestillt werden kann, während die Tambourmajore der Welt den Planeten verwüsten, Schlachtfeld des Tourismus, Piste für den Ernstfall, kein Blick für das Feuer, das der Armierungssoldat Franz Johann Christoph Woyzeck beim Steckenschneiden für den Spießrutenlauf um den Himmel bei Darmstadt fahren sah. Ulrike Meinhof, Tochter Preußens und spätgeborene Braut eines andern Findlings der deutschen Literatur, der sich am Wannsee begraben hat. Protagonistin im letzten Drama der bürgerlichen Welt, der bewaffneten WIEDERKEHR DES JUNGEN GENOSSEN AUS DER KALKGRUBE, ist seine Schwester mit dem blutigen Halsband der Marie.

2

Ein vielmal vom Theater geschundener Text, der einem Dreiundzwanzigjährigen passiert ist, dem die Parzen bei der Geburt die Augenlider weggeschnitten haben, vom Fieber zersprengt bis in die Orthografie, eine Struktur wie sie beim Bleigießen entstehen mag, wenn die Hand mit dem Löffel vor dem Blick in die Zukunft zittert, blockiert als schlafloser Engel den Eingang zum Paradies, in dem die Unschuld des Stückeschreibens zu Hause war. Wie harmlos der Pillenknick der neueren Dramatik, Becketts WARTEN AUF GODOT, vor diesem schnellen Gewitter, das mit der Geschwindigkeit einer andern Zeit kommt. Lenz im Gepäck, den erloschenen Blitz aus Livland, Zeit Georg Heyms im utopielosen Raum unter dem Eis der Havel, Konrad Bayers im ausgeweideten Schädel des Vitus Bering, Rolf Dieter Brinkmanns im Rechtsverkehr vor SHAKESPEARES PUB, wie schamlos die Lüge vom POSTHISTOIRE vor der barbarischen Wirklichkeit unsrer Vorgeschichte.

3

DIE WUNDE HEINE beginnt zu vernarben, schief; WOYZECK ist die offene Wunde. Woyzeck lebt, wo der Hund begraben liegt, der Hund heißt Woyzeck. Auf seine Auferstehung warten wir mit Furcht und/oder Hoffnung, daß der Hund als Wolf wiederkehrt. Der Wolf kommt aus dem Süden. Wenn die Sonne im Zenit steht, ist er eins mit unserm Schatten, beginnt, in der Stunde der Weißglut, Geschichte. Nicht eh Geschichte passiert ist, lohnt der gemeinsame Untergang im Frost der Entropie, oder, politisch verkürzt, im Atomblitz, der das Ende der Utopien und der Beginn einer Wirklichkeit jenseits des Menschen sein wird.

JUAN
GOYTISOLO

In den eisigen Gewässern der egoistischen Berechnung

Es scheint, daß die sogenannte Sorge um die Dritte Welt ganz aus der Mode gekommen ist: in diesem Europa, das in seiner moralischen Mittelmäßigkeit und militärischen und wirtschaftlichen Abhängigkeit träge dahinlebt, löst die bloße Erwähnung der bestehenden Ungleichheiten zwischen Nord und Süd, reichen und armen Ländern heutzutage ein Achselzucken, wenn nicht eine Grimasse offenen Abscheus aus. Kommen Sie mir doch nicht mehr mit Ihrer Dritten Welt!

Ist ihre ferne und verschwommene, auf dem Fernsehschirm farblos gewordene und trivialisierte Wirklichkeit vom Horizont unseres Lebens verschwunden? Ihre Gegenwärtigkeit in der Sphäre der durch die Europäische Gemeinschaft geschaffenen Interessen ist jedenfalls zu offensichtlich, als daß man sie verbergen könnte: zwölf Millionen Einwanderer laut Statistik, die, indem sie den bedeutungsvollen Zug der Schrift in die Leere der weißen Seite zeichneten – ich zitiere Genet aus dem Gedächtnis –, eine lästige Mahnung an etwas Unangenehmes sind, wenn es nicht chamäleonartig, durch eine reine Reflexbewegung, die erwünschte Unsichtbarkeit annimmt. Der Eurokrat jüngeren oder älteren Datums will sie nicht sehen: er erklärt sich gelassen und *pêle-mêle* zum Egoisten, für nicht solidarisch, zum Hedonisten oder Reaganianer. Gelassen und, um die Dinge ins rechte Licht zu rücken, *ohne Komplexe*. Ehemalige Kommunisten, Maoisten, Guevaristen, entleninisierte Sozialisten, die wie ein Schwarm kleiner roter Fische eine Wendung gemacht haben und in ruhigere und wärmere Gewässer eingeschwenkt sind, versichern wie die unaussprechliche Marguerite Duras, daß der derzeitige Amtsinhaber im Weißen Haus *die Werte des Augenblicks* verkörpert. Die grausame, Orwellsche Wahrheit des sowjetischen Systems, das Elend und die Tyrannei, die in den afroasiatischen Ländern und in Lateinamerika herrschen, rechtfertigen den Genuß dieser dialektischen Brühe und die Selbstzufriedenheit derer, die schon zurückgekehrt, und derer, die nicht einmal dort gewesen sind: mit einem Federstrich werden Ausbeutung, Armut, Rassismus, die versteckte Aggression und die offene Aggression ausgelöscht. Lieben wir unsere Welt mit ihren Unvollkommenheiten. Und lieben wir vor allem uns selbst.

Wir Bewohner der großen europäischen Städte haben uns allmählich an die hygienische, soziale und moralische Aufgabe gewöhnt, die Schrift zu löschen, die unsere kränkliche Blässe enthüllt, die schwarze Tinte durch eine andere, unsichtbare, geheime zu ersetzen, die nur im Gegenlicht lesbar wird: so wird Arabern und Menschen von den Antillen, Kongolesen und Türken, Afrikanern und Pakistani eine sonderbare Transparenz auferlegt. Der Ungehorsam wird sanktioniert durch das neue Delikt des *verdächtigen Aussehens*: die andersartige Tönung der Haut, die Farbe und Beschaffenheit des Haars, die Arroganz des Schnurrbarts oder der Kleidung, kurz das *verdächtige Aussehen*, ziehen wie ein Magnet die feindseligen Blicke von Polizisten, Gendarmen, Wächtern, Aufsehern, Klein- und Großbürgern und durch das Gespenst der Arbeitslosigkeit neurotisierten Arbeitern an. Der Schuldige wird in den Gängen und auf den Bahnsteigen der U-Bahn sorgfältig von den anderen Passanten getrennt, in Parkanlagen und auf der Straße mit deutendem Finger ausgesucht oder, besser gesagt, *aufgelesen*, gezwungen, sich auszuweisen und Zeugnisse vorzuzeigen, die seine äußerlichen Anzeichen der Fremdheit widerlegen, sorgfältigen Leibesvisitationen unterzogen, in einen Wagen mit Sirene und Blaulicht gestoßen und mit den üblichen Artigkeiten unserer gastfreundlichen Kommissariate traktiert. Ein Schauspiel, das allein dadurch, daß man es aufgeführt sieht, nichtssagend wird: das *verdächtige Aussehen* widersteht den Schocktherapien; es ist, wie man weiß, schwer auszurotten.

Die apokalyptischen Prophezeiungen der bleichen und rosafarbenen Gesichter mit den Schweinsaugen und dem fetten Doppelkinn bezüglich der sozialen Gefahr, die für sie die fremde, unverschämte Schönheit verkörpert – diese von den Führern der *Nation* im Fernsehen ausgesprochenen und von der Sensationspresse verbreiteten Prophezeiungen –, wecken Abwehrreflexe beim braven Bürger, der sich bedrängt sieht. Ein kurzer Blick auf eine der französischen Presse entnommene Liste von Selbstschutzmaßnahmen zeigt eine Mustersammlung höchst einfallsreicher Initiativen: Zwei Senegalesen von drei Legionären in ihrer Wohnung verbrannt, ein Maghrebiner bei 140 km/h aus dem Zug gestoßen, drei Türken von einem ungestümen Nachfahren Karl Martells und des Vercingetorix in einem Café mit Kugeln durchsiebt. Wirksame und überzeugende Strafen für das beleidigende Verbrechen des *verdächtigen Aussehens*.

Doch das ist nur die Spitze des Eisbergs. Wer, außer den Betroffenen selbst, kennt das ganze Ausmaß des Tag für Tag erlebten Fremdenhasses, der Ausbeutung und Verachtung? Man muß sich verkleiden, die Farbe und die sichtbaren Züge des Fremdseins annehmen, wie es Günter Wallraff zwei Jahre lang getan hat, um in das intime Leben des Menschen mit dem *verdächtigen Aussehen* einzudringen. Sein Buch ‹*Ganz unten*› fesselt und erschüttert nicht nur, weil es uns in eine exotische Welt – die der türkischen Gemeinde in Deutschland – einführt, sondern weil es ohne Beschönigung unser eigenes Röntgenbild zeigt. Daß der Autor mitten in der Bundesrepublik Zustände vorfindet, wie sie genau so in den Romanen von Dickens und Zola beschrieben wurden, kann nicht wirklich überraschen: jeder Beobachter ohne Scheuklappen kann sich durch Augenschein überzeugen. Was dem Buch – dem bewundernswerten Bericht des Abenteuers eines einsamen Schwimmers *in den eisigen Gewässern der egoistischen Berechnung* – einen seltenen Wert verleiht, ist der neue, weitere, umfassendere Blick des Autors auf «die Borniertheit und Eiseskälte» seiner Landsleute. Ja, hier entdecken wir etwas, und der Blick Wallraffs, der mit einem ähnlichen Privileg ausgestattet ist wie einst Midas, läßt alles exotisch erscheinen, worauf er fällt: in seiner prächtigen Verkleidung als Türke dringt er und führt er uns ein in ein alltägliches Inferno mit einer von Humor und Ironie getönten Heiligkeit, mit einer Entrüstung, die sich in eine unwiderstehliche Lachlust verwandelt. Der Blickpunkt des am Rande Stehenden hebt alltägliche und banale Situationen hervor und scheint sie mit einer Aura außergewöhnlicher Neuheit zu umgeben, er läßt ihr Umfeld unwirklich werden und verwandelt es in ein Schauerstück, in dem Frau Willi, die Leiterin eines Bestattungsinstituts, die bereit ist, einem angeblich unheilbar an Krebs erkrankten Türken einen Rabatt von zehn Prozent für die spätere Heimführung seines Leichnams zu gewähren, sofern er im voraus bezahlt, einen symbolischen Wert annimmt. Wie sollte man in ihr nicht die Monstrosität unserer liebenswürdigen und zuvorkommenden Nachbarin erkennen?

Die gleichsam pikareske Wanderung des falschen Ali auf der Suche nach Arbeit ist die von zwölf Millionen Asiaten, Schwarzen, Arabern oder Lateinamerikanern von *verdächtigen Aussehen*, die sich ständig Situationen gegenübersehen, in denen sich die monströse Normalität des Verhaltens ungehindert entfaltet. Als Erforscher der Grenzen menschlicher Niedertracht zwingt uns Wallraff, unvermutbare Tiefen auszuloten und lachend in die widerlichen Eingeweide des hochstehenden, kultivierten und zivilisierten Europa hinabzusteigen. Mit stillem Heroismus akzeptiert er, ein Paria unter Parias, die Rolle eines Versuchskaninchens für die blühende pharmazeutische Industrie, um zu entdecken, daß sich «hinter der glatten, freundlichen Fassade einer Schönheitsfirma ein neuzeitlicher, eiskalter Dr. Mabuse [verbirgt], der im Auftrag großer Pharma-Konzerne in Not geratene Menschen zur Erforschung von Verkaufsstrategien der Chemie ausliefert». Doch damit endet seine Erfahrung des täglichen Entsetzens nicht: in den Kernkraftwerken der Bundesrepublik, berichtet Wallraff, wird für die Reparatur und Reinigung der Anlagen und der verseuchten Abschnitte die vorübergehende Beschäftigung von eingewanderten Arbeitern empfohlen, die sich der Gefahr, der sie sich aussetzen, nicht bewußt sind. Für eine Prämie von 500 Mark nimmt Ali oder Mehmet in einigen Stunden, ja vielleicht in einigen Minuten die höchstzulässige jährliche Strahlungsdosis von 5000 Millirem auf. Wenn es, was häufig geschieht, zu einem Unfall oder einem Leck kommt, werden diejenigen, die man in die *rote Alarmzone* schickt, beinahe immer auf Grund ihres *verdächtigen Aussehens* ausgewählt. Die entstehenden Kosten sind niedriger, und die Verantwortlichkeit liegt, nicht nachweisbar, in weiter Ferne. Wer kann, Jahre nach dem Ereignis, die schönen, sauberen Kernkraftwerke Europas für die Zunahme von Krebs und Leukämie im Maghreb oder in Anatolien verantwortlich machen?

Wenn die spärliche Information über die Gefahren der Kernindustrie schon den Durchschnittsbürger der westlichen Länder dazu verleitet, die Möglichkeit einer Katastrophe im Austausch gegen eine gute Stellung mit einem beinahe lächelnden Fatalismus hinzunehmen, so machen Analphabetentum und Ahnungslosigkeit die Einwanderer zu idealen Objekten für jede Art von Experimenten und schmutzigen Arbeiten. Das gilt nicht nur für Deutschland, wo es Wallraff dokumentarisch belegt, sondern auch für andere europäische Länder. Bei dem radioaktiven Leck, das unlängst in einem französischen Atomkraftwerk auftrat, waren die Strahlenexponierten «vorübergehend Beschäftigte, die bei einem auf schwierige und potentiell gefährliche Arbeiten spezialisierten Unternehmen rekrutiert wurden», zweifellos ein Euphemismus, um das Wort «Ausländer» zu vermeiden. Türken in Deutschland, Araber in Frankreich, Pakistani im United Kingdom – in jedem Fall büßen diejenigen, die sich am bereitwilligsten der Verstrahlung aussetzen, ihr Verbrechen des *verdächtigen Aussehens*. Einzig die UdSSR kann sich auf Grund des absoluten Informationsmangels staatlicherseits den Luxus erlauben, ihre eigenen Staatsbürger wie Subjekte mit den äußeren Zeichen der Fremdheit zu behandeln, sie, wie in Tschernobyl, in einen sicheren Tod zu schicken und postum als «Helden des Sozialismus» zu feiern. (Eine ähnliche Gefahr droht uns in Spanien, sofern nicht die Atomkraftwerke in weiser Voraussicht einen gewissen Prozentsatz von Zigeunern in ihre Belegschaft aufnehmen.)

Mit seiner Untersuchung der Extreme der Niedertracht, zu der seine Landsleute fähig sind, zwingt uns Wallraff, uns die Frage zu stellen: Wie viele Tausende Millirem Niedertracht kann ein Mensch von normalem Aussehen ertragen, ohne das Gesicht oder sein Lächeln zu verlieren? Der Fall Adlers, der mit Sicherheit wußte, daß er seine Mannschaft von türkischen Arbeitern in den Tod führte, ist erschütternd und für sich allein die Lektüre des Buches wert. Mit dem Geigerzähler, mit dem er die moralische Verstrahlung mißt, die ein würdiger Industriekapitän zu verkraften imstande ist, registriert Wallraff phantastische Zahlen: jedesmal wenn ihn der Türke mit dem *verdächtigen Aussehen* einschaltet, macht die Nadel des Zählers Sprünge, sie schlägt schwindelerregend aus und scheint nie mehr haltmachen zu wollen. Dank Wallraff kennen wir die Tausende von Millirem Schande, die der *Homo sapiens* absorbiert. Die Nadel erreicht die höchste Ziffer ohne ein Anzeichen von Scham oder Angst. Adler gehört trotz allem der menschlichen Spezies an.

Ich kehre zum Anfang zurück: der Verlust der revolutionären Illusionen, die Realität des Gulags, die Unterdrückung der Völker der Dritten Welt durch ihre eigenen Regierungen haben nicht die Ungerechtigkeiten und Gewalttaten im Raum der demokratischen und liberalen Europäischen Gemeinschaft abgeschafft. Das Schicksal, das man den Menschen von *verdächti-*

gem Aussehen zuteilt, ist nur ein Muster für das, was sich im Hinterzimmer unseres Ladens anhäuft. Potentiell sind wir alle Adler oder Wallraff.

Aus dem Spanischen von Joachim A. Frank

MUSTAPHA TLILI — Die Zukunft selbst

Horïa ist eine einsame alte Dame in der tunesischen Steppe. Ihre Geschichte, die ein Roman mit dem (provisorischen?) Titel «Tausend verlorene Zukünfte» erzählen wird, ist die Geschichte eines bedingungslosen Kampfes: Er geht um eine Linie am Horizont, die Horïa so sehr liebt und die sie in ihrer Reinheit erhalten will, er geht um ihre eigene Freiheit, ihre Souveränität, die sie als ursprüngliches, unveräußerliches Gut empfindet.

Die zerbrechliche und schwache Horïa wird mit der Unbeugsamkeit der starken inneren Vision, die sie erfüllt, gigantischen Mächten widerstehen, ohne zu weichen. Diese werden alles gegen die alte Dame aufbieten, werden Gebäude errichten, die allein durch Winkelzüge legitimiert sind. Aber damit werden sie Horïa ihrer freien Sicht berauben, die sie immer von ihrem traditionellen Haus auf ein ockerfarbenes Gebirge hatte, das ihr aus der Ferne stolz entgegenblickt. «Tausend verlorene Zukünfte» wird die Geschichte eines bis ins Unerträgliche gehenden Widerstands sein.

Der kurze Auszug, der im folgenden zu lesen ist, wird mit von Gewissensbissen verstörter Stimme erzählt – hätte denn der Erzähler Horïa nicht zu Hilfe eilen sollen, als es noch nicht zu spät war? – und zeichnet in einer ersten Skizze das Glück der alten Dame, bevor die Ungerechtigkeit sie trifft. Er ist der stolzen und unbezwingbaren Winnie Mandela gewidmet – die nicht alt ist, nicht einsam, sondern die Zukunft selbst.

Eines Tages mußte ich diesem Land, das ich so sehr liebe, adieu sagen. Auch wenn ich alle Gefühle zurückgehalten, allen Schmerz beherrscht, alle Seufzer unterdrückt habe, muß ich mich eben dareinfinden und einwilligen, daß ich nun an der Reihe bin zu sterben.

Ich muß Abschied nehmen, ohne fortan jegliche Hoffnung, jeglichen Wunsch auf Rückkehr, von diesem Morgengrauen und seiner so süßen, sanften Luft, seinem Horizont, der in einem Licht von so leichtem Blau erklingt, gefärbt mit einem Hauch Rosa.

Ich muß mich für immer von dem segensreichen Anblick dieses herrlichen, ockerfarbenen Gebirges dort hinten losreißen. Das «Löwengebirge», blutrot, wenn die Sonne der tunesischen Steppe, voll Leidenschaft und schon afrikanisch, es an jedem Sommerabend in Augenblicken höchster Glorie entzündet und so mit dem ganzen Himmel in ihren strahlenden Goldtönen bestattet.

Die Worte werden ohne Überstürzung kommen. Reue und Schmerz werden sie nicht in ihrem Lauf unterbrechen, den ich mir heiter wünsche. Eigenartig, kaum eine Woche nach dem Drama fühle ich schon wieder Ruhe in mir. Aber hätte es Horïa denn nicht so gewollt, wie es jetzt ist, daß ich als Mann der Stunde meiner letzten Rechenschaft entgegensehe, daß ich ruhig bin, wenn der Augenblick tatsächlich gekommen ist, das Buch ein für allemal zu schließen?

Das kühle Morgengrauen, geschmückt mit seinem feinen, leuchtend roten, beinahe durchsichtigen Schleier... Der Sonnenuntergang, wie er, ganz aus Feuer, sich des Löwengebirges bemächtigt, über dessen Flanke und den ganzen Horizont tausend purpurne Ströme ausgießt... Dieses Morgengrauen, dieser Sonnenuntergang, zerrissen von dem peinigenden Singsang des Muezzin, wenn er die Gläubigen zum Gebet ruft, hier, in diesem kleinen Dorf, das verloren im Herzen der weiten tunesischen Steppe liegt... Die Bilder sind einfach und klar, wenn ich mit einer einzigen Regung die Erinnerung an Horïa zu fassen versuche. Sie überkommen mich, drängen sich auf, nehmen mich in Besitz, so sehr war Horïas Leben, seit wir, ihre Kinder, alle in die Stadt, in die Welt hinausgegangen waren, nur noch von den zwei Hauptzeiten des Kosmos und Gottes bestimmt: Morgengrauen und Sonnenuntergang. Ich entsinne mich, so war es vor allem im Sommer, wenn ich einmal aus Amerika für ein paar sehnsüchtig erwartete Tage der freien Zeit und des Glücks bei ihr war.

Früh am Morgen, bei Sonnenaufgang, ist Horïa schon auf den Beinen vor unserem Haus, einem großen, niedrigen maurischen Bau; er ist mit Marabukuppeln verziert und von einem schönen, sanften Weiß durch den Kalkputz, der jeden Frühsommer erneuert wird. Die alte Dame macht ihre Waschungen in dem kleinen Bach, der am Fuße unseres Hauses friedlich vorbeifließt, eine vertraute Melodie inmitten der übergroßen Einsamkeit, die uns umgibt. Sie bereitet sich auf das Gebet vor, ist ganz fromme Sammlung, aber auf eigentümliche Weise erfüllt von einem beinahe heidnischen Wohlgefühl. Früher bevorzugten die Löwen diese Stunde, und in der sich hinstrekkenden Weite, einer steinigen Halbwüste, die anmutig, hier und dort in leichten Wellen, von unserem Haus bis zu dem ockerfarbenen Gebirge hin ansteigt, das sich dort hinten majestätisch erhebt, kommt keine Menschenseele vorbei.

Und auch am späten Nachmittag, wenn der schwere, auszehrende Glutofen der Steppe gelindert ist, besiegt und der bald triumphierenden Herrschaft eines wunderbaren Sonnenunterganges unterworfen, der eine köstliche Frische, unvergleichliches Wohlbehagen ankündigt, auch dann ist Horïa draußen vor ihrem Haus. Demütig macht sie sich zurecht, um sich mit jeder Faser ihrer Seele dem Willen Gottes anzuvertrauen, aber sie fühlt sich stets wie emporgehoben von dieser eigentümlichen Empfindung, die sie schon bei Morgengrauen erlebt hat.

Und morgens wie abends, bei Morgengrauen wie bei Sonnenuntergang, setzt sich Horïa, wenn sie ihren Dienst an Gott beendet hat, auf ihren Gebetsteppich und lehnt sich in vollkommener Gelöstheit an die kühle Wand ihres weißen, niedrigen Hauses. Wie abwesend, gewiegt in dem kleinen, kristallenen Lied des schmalen Baches, der für sie und die Steppe die Heldensage von den Herren des ockerfarbenen Gebirges erzählt, vom Leben und der vergehenden Zeit, versenkt sie sich in eine tiefe Meditation, in eine lange Betrachtung der Linie, die sich vor ihr am Horizont fein abzeichnet, und nicht das geringste Hindernis schiebt sich zwischen das Schauspiel und sie, wie sie vor ihrem Haus sitzt, ihrem Königreich in dieser Welt. Ohne jemals von ihm abzulassen, sieht sie diesem Wunder zu; es wird dem Entzücken einer einsamen alten Dame dargeboten, die jetzt keine großen Dinge mehr vom Leben erwartet. Sie bewundert diese reine, vollkommene Linie, die in ihrer Vollendung nicht die geringste Beeinträchtigung erleidet. Die Linie des ockerfarbenen Gebirges, des Löwengebirges. Und was die alte Dame bewundert, ist mit Sicherheit der Stolz selbst, die Ewigkeit, auch wenn im Herzen Horïas und in ihrem Geist die Ewigkeit nur den einen und einzigen Namen haben kann – Gott.

Aus dem Französischen von Hans Thill

SEVERO SARDUY Mood Indigo

Selbstverständlich geht es hier nicht um ein Gedicht über die Person Nelson Mandela oder die aktuellen Umstände in Südafrika, sondern um eine Hommage an den Beitrag der schwarzen Kultur und der schwarzen Weisheit für mein Land (Kuba), für seine Musik und sein Weltverständnis. Es geht also in den folgenden kurzen Gedichte um eine Geschichte des Jazz, die bei den afrikanischen Ursprüngen beginnt, seiner Verlagerung folgt nach Südamerika, nach Kuba (wo er uns so große Künstler beschert hat wie Pérez Prado, Benny Moré u. a.) und später nach New Orleans. In den Gedichten ist auch eine kurze Geschichte der Nacht-Clubs zu finden, die zur Verbreitung dieser Musik beigetragen haben, ebenso Anspielungen auf die Malerei (beispielsweise die berühmte Boogie-Woogie-Serie, die Piet Mondrian in New York tanzend malte). Der Jazz kam nach Afrika zurück und hat so die Bahn eines Bumerangs nachgezeichnet. Sein Weg auf der Weltkarte bildet eine schwarze Spirale. Daher der Titel eines der Gedichte.

Schellen dir in die Wangen setzen
mit Kreide dir auf die Stirn schreiben
mit spiraligen Streifen dir das Geschlecht bemalen
die Hinterbacken mit leuchtenden Scheiben

Linien aus weißen Punkten
Landvermesser deines schwarzen Körpers

den Kopf dir unterzeichnen
bedecken die Füße mit Kalk
Goldblüten in die Hände
ägyptische Augen in die Brust

weiße Ideogramme
eine schwarze Karte dein Körper

Tantrische Combo

Cootie Williams an der Schenkelknochentrompete.
Joe Nanton an der Posaune: für ein gutes Wa-wa
pißt er in den Mund aus Kupfer.
Johnny Hodges am Altsaxophon: ein großer Lama, jawohl
mein Herr, wer sonst
könnte denn aus dem Mund blasen,
was er durch den Anus einatmet?
Harry Carney am Baritonsaxophon: ein großer Lama, jawohl
mein Herr, wer sonst
könnte denn aus dem Anus blasen,
was er durch den Mund einatmet?
Sonny Greer an den Drums: die Tamburine:
Kinderschädel mitten durch gesägt
echtes Yak-Leder.
Duke am Piano in Flammen.

mit der Posaune von Benny Morton
und der Trompete von Dizzy Gillespie
Experten unter den Kennern kosten sie
mit schwarzem Schweiß
Droge
im Kielraum eines Boots

Tanz
in einem Boot auf Rädern

damals ein Fetisch
so überladen
soviel Gold und Arabesken doppelt
aus Steinen und Federn eingesetzt Gott
Eimer aus Elfenbein schwarze Punkte gibt
eine verrostete Trompete

Antilope
Ornamente

der Zöllner
träumt
Schlange
Flöte
bedeckt mit roten Stempeln
gestreift, rasch
von einem Tiger der vorüberhuscht
das Raunen verwesender Orchideen

SONNE gefiltert durch eine Palisade Bambus
Boote auf Rädern – die Bordkapelle – Widerschein von
Kupferinstrumenten SONNE

Fetisch gesprenkelt Samen Gerinnsel
Steine weiß die Augen
im Tempel des Ochúm
Ambra
beim Fluß
reglos
Schnecken kreisen

Amulette
aus Opal

schwarze
Panther

mit geschlossenen Läden
mit Dielen die Türen vernagelt
mit Sandsäcken und zerbrochenen Spiegeln
und Amuletten die Fenster schließen

Verschwörungen Weiße zu morden
Jean Genet in einem vergessenen Koffer

Maschinengewehre
man muß alles einreißen
Echos aus dem gestreiften Harlem
Zyklon
Haschgebäck
Null
Nina am Piano
man muß alles dem Erdboden gleichmachen
das nächste Mal Feuer!

mit dröhnenden Schellen
mit eingeschmissenen Fenstern
mit Cootie Williams an der Trompete
und Duke am Piano
mit dem Holz der Schlüssel
haben sie Yoruba-Schriften hinterlassen
die Bisse der stummen Hunde
paarweise Trommeln mit Ray Nance an der
Violine
Wasseruhren aus Ácaraholz und Leder mit Duke
am Piano
schlägt den Takt für das Spiel *Federn aus Gold*
während die Asche deiner Knochen fällt während die Asche
deiner Breitengrade fällt

schwarz wie die Milch
wie die Zähne schwarz
vom selben Schwarz wie das Taufwasser

Schnee

schwarz wie die Buchseite
aus Kristallfaser schwarz
Augenhornhaut

Samen

mit weißen Zeichen in den Wangen
Kreide auf der Stirn
ohne Salz für den Durst
auf der Haut und im Knochen

Onyx
weiße Spiralen tätowiert
Schlösser aus Federn im Kopf
einen Text im Gesicht
mit Kalk geschrieben
Ebenholz

für den tanzenden Piet Mondrian
für den Woogie-Boogie
für den Boogie-Woogie
mit Elegguas   für das Haig
für La Cigale
an den Knöcheln
Kisten Knochen Flaschen   für den Cotton Club
mit Glöckchen
Bambus von den Antillen
an den Handgelenken   für das Chori
Flaschen gefüllt mit Steinen
für New Orleans
für Havanna
für den Tin Angel
Pferdekiefer   von der Goldküste
zum Congo Square   vom Congo nach Virginia   für das Riverside
von Nigeria nach Rio

Triangel Banjo Leder   vom schwarzen Zentrum   für Saint-Germain
von Rio nach Recife
vom Fluß   mit Schellen
für das Tabou

mit Tabakkisten
für Eddie Condon   die unterworfenen Könige   mit Schlössern aus Federn
die Wangen tätowiert   mit goldenen Armreifen   für das Caméléon
für den Central Plaza
reglos wie ein Fluß   spiritual / spiral   für die Half Note
für das Stuyvesant Casino   für das Chori
wasn't that a wide ribber   für das Café Bohemia
für das Jimmy Ryan's   winzige rote Pfeile   für das Nick's
für das Ember's

für das Society
für den Voyager's Room
für das Composers   für das Café Metropole
für den Savoy Ballroom   für das Birdland
für das Apollo Theater   für die Carnegie Hall
für die École Juillard

die Musik die Büchse teilte: schwarze Schichten

Linien die sich kreuzen wie Kreuze sind

Glanz vom Hafen

Mond über Matanzas

mit Pérez Prado

in Havanna

sagten dir der schwarze Graf die Küken

die sich au[illegible]schen

Zeichen die sich verknüpfen Netze die s

Sterne Linien die sich gabeln

Z nahmen das Ferry-Boat

mit Pu[illegible] Bernal

und seiner Gitarre

die Götter der anderen Seite

mit Ben

in Havan

die Götter wie sie ein schön kaltes Glas trinken Siesta halten

Aus dem Spanischen von Hans Thill

KATEB YACINE Einen Schritt vor, drei Schritte zurück

An einer Straßenecke wartet Winnie auf jemand. Sie schaut auf ihre Uhr.

WINNIE *für sich*: Er kommt nicht.

Ein Mann nähert sich ihr. Er trägt den weißen Staubmantel eines Chauffeurs, Schirmmütze. Winnie ist zurückgewichen, springt dann auf ihn zu.

WINNIE: Du bist's, du bist hier, wie kann das sein, am hellichten Tag, mitten in der Stadt, wo die Polypen dich überall verfolgen! Ich habe dich nicht erkannt. Du hast dich gut verkleidet.

Sie umarmen sich und gehen von der Bühne ab. Winnie kommt allein zurück.

WINNIE *für sich*: Als wir heirateten, wurde er gerade wegen Hochverrats angeklagt. Jeden Morgen mußte er vor Gericht in Pretoria, und ich war in Orlando. Meistens verbrachte er in Pretoria die Nacht, bereitete mit anderen Anwälten seine Verteidigung vor. Er hatte nicht einmal mehr die Zeit zu essen. Ich mußte ihn dazu zwingen. Er setzte sich an den Tisch, begann zu essen, dann läutete das Telefon: irgend jemand mußte mit einer Kaution aus einer Polizeiwache geholt werden. Während er fort war, empfing ich eine Reihe Leute, deren Freunde oder Angehörige im Gefängnis waren... Nie hatte er die Zeit, sich darum zu kümmern, inwieweit ich engagiert war. Ich habe ihn nie gefragt, ob ich an den Frauendemonstrationen teilnehmen sollte. Das Problem war, daß ich gerade genug verdiente, um uns zu ernähren, da er nicht mehr arbeiten konnte. Ich wußte, daß ich meine Stelle verliere, wenn ich demonstriere, ich habe es trotzdem getan, wurde festgenommen und entlassen, dabei war ich die erste schwarze Sozialarbeiterin im ganzen Land... Und er hat nie einen Pfennig in der Tasche. Manchmal hat er zwei oder drei Fälle pro Tag vor Gericht abgeschlossen, und wenn er dann sein Geld bekommt, kauft er schöne Kleider für unsere Töchter. Wir leben von Obst und Gemüse. Er sagt, das ist gut für die Gesundheit.

Mandela tritt auf, er läuft mehrere Male um die Bühne und macht Gymnastik, in einer gewissen Entfernung überwacht ihn ein Polyp in Zivil.

WINNIE *für sich*: Immer ist ein Polyp hinter ihm her, sobald er das Haus verläßt. Wir haben immer in engen Verhältnissen gelebt. Unsere kleine Bude hat er sich selbst ausgesucht. Er arbeitete für die Stadtverwaltung von Johannesburg. Eines Tages sagte ihm der Verwaltungschef, er solle sich ein Haus aussuchen. Er nahm eines mit zwei Zimmern und Küche. Gleich nebenan war eines mit vier Zimmern, das er hätte haben können. Aber so ist er eben. Für ihn muß es immer das Bescheidenste im Leben sein.

Mandela hat seine Gymnastik beendet und kommt zu Winnie, die ihn kräftig massiert.

WINNIE: Gehst du gleich wieder?

MANDELA: Ja, sofort.

WINNIE: Dann bin ich also gekommen, um zu sehen, wie du schwitzt.

MANDELA: Das ist der einzige Augenblick, wo ich dich sehen kann.

Ein zweiter Polyp geht über die Bühne und stellt sich zu dem ersten.

WINNIE: Ich werde jetzt auch überwacht.

Mandela entfernt sich.

WINNIE: Gehst du schon?

MANDELA: Du kannst deinen Polypen behalten, ich nehme meinen wieder mit.

Er geht von der Bühne ab, der erste Polyp folgt ihm, während der zweite unablässig um Winnie herumgeht.

WINNIE *für sich*: So ist es halt im Leben. Wenn mein Mann mich verläßt, bleibt mir immer noch mein Polyp. Komm, ich muß heim.

Sie geht und setzt sich auf ein Bett. Sie ist jetzt zu Hause und sieht den Polizisten nicht mehr.

WINNIE *für sich*: Als er das letzte Mal nach Hause kam, waren viele Leute bei ihm, und er hat mich gebeten, ihm ein paar Kleinigkeiten in einen Koffer zu packen. Er blieb draußen vor der Tür, und ich konnte nicht zu ihm durchkommen. Es waren zu viele Leute. Ich habe ihm seine Reisetasche gepackt, aber als ich sie ihm bringen wollte, war er nicht mehr da. Eine Stunde später ist jemand gekommen und hat die Tasche geholt. Am nächsten Tag habe ich aus der Zeitung erfahren, daß er auf einer Versammlung gesprochen hatte, von der ich nichts wußte.

In dieser Woche fiel mir auf, daß er schweigsam und nachdenklich war. Eines Tages wollte ich sein Hemd waschen und fand einen Zettel. Er hatte die Miete sechs Monate im voraus bezahlt, das war völlig ungewöhnlich. Ich glaube, er wollte mich in meinem Schmerz entlasten. Er wollte mir helfen, daß ich das Leben ohne ihn besser ertrage. Genauso war es mit dem Auto. Es lief nicht besonders gut. Er hat es in Reparatur gegeben und für mich in der Garage gelassen... Oh, ein Engel ist er nicht! Vielleicht hätte ich eine Menge Fehler an ihm entdeckt, wenn ich genügend Zeit gehabt hätte, ihn besser kennenzulernen; aber mir blieb nur die Zeit, mich in ihn zu verlieben und mich dann nach ihm zu sehnen. Bei Morgengrauen wartete ich auf den heiligen Augenblick, wo er an das Fenster klopfte. Ich wußte nie, wann das sein würde. Nie machte man mit mir eine Zeit aus. Er kam frühmorgens für ein Stündchen. Aber später, als ich Tag und Nacht überwacht wurde, mußte ich zu ihm gehen. Jemand kam und sagte mir, ich sollte ihm in meinem Auto folgen. Wir fuhren einen Kilometer, kamen zu einem dritten Auto, und ich schlüpfte von einem Auto in das andere.

Nie wußte ich, wo ich war. Er hatte seine Verstecke überall im Land, meistens bei Weißen... Und dann erfuhr ich von seiner Festnahme.

Sie geht von der Bühne ab. Mandela kommt in einem Aufmarsch von Polizei, dann kündigt man das Gericht an, es besteht aus drei Richtern in schwarzen Roben und mit weißen Masken.

MANDELA: Ich möchte gleich zu Anfang darauf aufmerksam machen, daß meine Richter weiß sind, während ich schwarz bin. Man kann nicht gleichzeitig Richter und Partei sein, um so mehr, als sich das Gericht in den Sitzungspausen ständig im Kontakt zu Offizieren der politischen Polizei befindet.

Man wirft mir vor, ich hätte das Volk zu Demonstrationen gegen das Gesetz aufgewiegelt. Damit das Gericht die Gründe, die mich dazu geführt haben, nachvollziehen kann, muß ich meine politische Vergangenheit in Erinnerung rufen und die Faktoren zu erklären versuchen, die mich zum Handeln bewegt haben... Es ist schon einige Jahre her, ich war noch jung, da hörte ich zu, wenn die Alten des Stammes ihre Geschichten von der guten alten Zeit vor der Ankunft des weißen Mannes erzählten. Unser Volk lebte in Frieden. Es zog frei und ohne Furcht über das Land, ohne jegliche Beschränkung. Das Land gehörte uns. Wir waren Herren über die Felder, Wälder und Flüsse. Der Boden, unsere hauptsächliche Nahrungsquelle, gehörte dem ganzen Stamm, Privateigentum gab es nicht. Wir hatten keine Klassen, weder Reiche noch Arme, keine Ausbeutung des Menschen durch den Menschen...

Diese Gesellschaft beinhaltete noch viel primitive oder wenig entwickelte Elemente, und in unserer heutigen Zeit könnte man in ihr nicht mehr leben, aber sie enthielt die Keime der Demokratie... Strukturen und Aufbau der afrikanischen Urgesellschaften faszinierten mich, sie hatten einen großen Einfluß auf die Entwicklung meiner politischen Konzeptionen.

Das Gericht weiß sehr wohl, daß ich Jurist bin. Seit Beginn meiner Laufbahn traf ich auf Schwierigkeiten, die auf meiner

Hautfarbe und meiner Zugehörigkeit zum Afrikanischen Nationalkongreß beruhten. Ich durfte nur dann Büroräume in der Stadt belegen, wenn ich im Besitz einer Erlaubnis war, diese wurde mir verweigert. Später gewährte man mir eine Ausnahmegenehmigung, aber als die Frist ablief, weigerte sich die Behörde, mir diese zu erneuern. Sie teilte mir mit, daß mein Sozius Oliver Tambo und ich die Stadt zu verlassen hatten, wir sollten unseren Beruf in einem abgelegenen Eingeborenenreservat ausüben, es war viel zuweit, als daß unsere Mandanten uns noch hätten aufsuchen können. Das war, als würde man uns auffordern, unseren Beruf nicht mehr auszuüben, nicht mehr unsere Landsleute zu beraten und somit auf den Ertrag für all die Jahre, die wir studiert haben, zu verzichten. Kein Jurist, der diese Bezeichnung verdient, wäre damit einverstanden gewesen. Folglich haben wir mehrere Jahre hindurch auf gesetzwidrige Weise Büros in der Stadt belegt... Während der ganzen Zeit schwebte die Drohung über uns, verfolgt und vertrieben zu werden.

In den Kammern, vor denen wir praktizierten, behandelten uns viele Richter und Staatsanwälte höflich, aber andere legten uns gegenüber eine gewisse Kälte, um nicht zu sagen Feindseligkeit an den Tag. Wir wußten, daß wir niemals, gleichgültig wie unbescholten wir auch immer unsere Arbeit leisteten, daran denken konnten, zum Staatsanwalt, Stellvertretenden Staatsanwalt oder Richter ernannt zu werden. Wir hatten mit beamteten Juristen zu tun, deren Kompetenz oder Kenntnisse nicht viel größer als die unsrigen waren, sie hatten aber auf Grund ihrer weißen Haut eine gehobene Stellung inne und konnten sie wegen ihr auch nicht verlieren...

Vor neun Jahren forderte die Transvaal Law Society beim Obersten Gerichtshof mein Berufsverbot und bezog sich auf die Rolle, die ich in einer Kampagne gegen ungerechte Gesetze innehatte. Der Law Society zufolge war meine Beteiligung an dieser Kampagne nicht mit den Verhaltensregeln vereinbar, deren Befolgung man mit Recht von Mitgliedern unseres ehrenvollen Berufsstandes erwarten könnte. Bei dieser Gelegenheit bestätigte aber der Oberste Gerichtshof, daß ich meine Rechte nicht überschritten hatte, daß für einen Juristen nichts Ehrenwidriges darin liegt, sich mit seinem Volk zu identifizieren, das für seine Rechte kämpft, selbst dann, wenn diese Aktivitäten die Gesetze des Landes verletzen könnten. Der Oberste Gerichtshof hat die Klage der Law Society abgewiesen.

Es war undenkbar, daß ich mit einem solchen Urteil zu meinen Gunsten meine politischen Aktivitäten einstellen würde. Doch mag Euer Ehren sich fragen, weshalb ich es für notwendig erachtete, auch dann mein Verhalten nicht zu ändern, als es mir nicht nur Schwierigkeiten einbrachte, sondern darüber hinaus auch vier Jahre vor den Gerichten als des Hochverrats Beschuldigter (ich wurde dann freigesprochen) und mehrere Monate Gefängnis während der Zeit des Ausnahmezustandes 1960, aus dem einfachen Grund, weil der Regierung weder meine Ansichten noch meine Aktivitäten schmeckten.

In einem Moment, wo das Regime einigen Veränderungen unterworfen war, konnten wir nicht akzeptieren, daß das Grundprinzip der Verfassung bestehen blieb: die weiße Überlegenheit, die Herrschaft der Weißen, jenes Prinzip, das Südafrika und seiner Verfassung in der ganzen Welt Verachtung eingebracht hat.

Von Anfang an waren wir uns darin einig, daß wir auf Aktionen der Massen nur als letzten Ausweg zurückgreifen würden, wenn nämlich die Regierung sich weigern sollte, uns anzuhören und mit uns zu verhandeln. In diesem Falle waren wir allerdings entschlossen, das Volk zum Streik aufzurufen, es sollte dann seinen Arbeitsplätzen fernbleiben, um einen wirtschaftlichen Druck auf den Staat auszuüben. Wir haben festgelegt, daß ein solcher Streik in aller Disziplin vor sich gehen sollte und daß wir die Leute auffordern würden, zu Hause zu bleiben. Allerdings zogen die Kampagne und unsere Vorbereitungen sofort ein künstliches Klima von Bürgerkrieg und Revolution nach sich. Ich sage mit Absicht «künstlich», im Sinne von überlegt und gewollt, nicht von Ihnen, Euer Ehren, aber von der Regierung, die sich nicht nur weigerte, uns anzuhören und mit uns zu verhandeln, sondern auch noch beschloß, uns als gefährliche Revolutionäre anzusehen, die nur auf Gewalt und Unordnung aus waren und deshalb nur dann zu schlagen waren, wenn man sich einer erdrückenden Polizeiübermacht bediente, verbunden mit allen Mitteln staatlichen Zwangs, seien sie legal oder illegal. Sie ordnete Mobilmachung des Militärs an, um uns durch Einschüchterung und Terror von unserem friedlichen Protest abzuhalten.

Der Gerichtspräsident läutet mit seiner Glocke.

DER PRÄSIDENT: Die Sitzung ist aufgehoben.

EIN REPORTER *vor der Bühne:* Die hiesigen Zeitungen melden, daß der Streik nicht befolgt wurde. Aber in der internationalen Presse habe ich einige Zahlen gefunden. In Johannesburg streikten 40 bis 70 Prozent. In Durban sind 50 Prozent der indischen Arbeiter nicht zur Arbeit erschienen, in manchen Betrieben haben sogar 100 Prozent der Belegschaft gestreikt. Die nicht-weiße Bevölkerung blieb zu 75 Prozent der Arbeit fern, und von fünfhundert nicht-weißen Studenten an der Universität von Natal sind weniger als fünfzig zu den Vorlesungen erschienen.

Mandela steht wieder seinen Richtern gegenüber.

MANDELA: Die Regierung hat sich des Gesetzes bedient, um mich in meinem Privatleben, meiner beruflichen Laufbahn und meiner politischen Tätigkeit zu beeinträchtigen, auf eine Weise, die geeignet war, in mir eine tiefe Verachtung für das Gesetz hervorzurufen. Im Dezember 1952 erhielt ich einen Regierungsbann, der nicht auf richterlicher Entscheidung, sondern schlicht und einfach auf Willkür fußte, vielleicht war er auch Ergebnis geheimer Vorgehensweisen... Dieser Bann besagte, daß ich den Gerichtsbezirk von Johannesburg für sechs Monate nicht verlassen durfte. Zusätzlich wurde mir für diese Zeit jede Teilnahme an öffentlichen Versammlungen untersagt. Als die Zeit dieser Maßregelungen abgelaufen war, verstrichen nur drei Monate, bis man, ohne den geringsten Respekt für die Rechte der Verteidigung, ohne das kleinste Embryo eines Widerspruchsverfahrens, beide Verbote erneuerte, diesmal für einen Zeitraum von zwei Jahren, und ein drittes Verbot kam noch hinzu: Der Justizminister befahl mir, aus dem Afrikanischen Nationalkongreß auszutreten...

Gegen Ende des Jahres 1955 war mir wieder freigestellt, zu kommen und gehen, wie ich wollte, aber nicht für lange Zeit. Vom Februar 1956 ab wurden die Verbote erneuert, ein weiteres Mal auf dem Verwaltungsweg, ohne daß man mich anzuhören geruhte und für einen Zeitraum von fünf Jahren. Überall, wohin ich ging, wurde ich von Beamten des Sicherheitsdienstes begleitet. Kurz, ich wurde wie ein Krimineller behandelt – ein Krimineller, der noch nicht für schuldig befunden wurde. Wen wird es verwundern, wenn ein Mann unter solchen Umständen schnell zu einem Gesetzlosen wird?

Es fiel mir sicherlich nicht leicht, mich von meiner Frau und meinen Kindern trennen zu müssen, auf die Freude zu verzichten, nach einem arbeitsreichen Tag die Familie um einen Tisch versammelt zu sehen, ich hatte das Leben eines Mannes gewählt, der unablässig von der Polizei schikaniert wird, der im eigenen Land weit von denen leben muß, die ihm lieb sind.

Ich hasse rassische Diskriminierung, und mein Haß wird durch die Tatsache noch verstärkt, daß die erdrückende Mehrheit aller Menschen ihn teilt. Ich hasse die Erziehung, die Kindern systematisch rassistische Vorurteile eintrichtert, und ich hasse sie nur um so leidenschaftlicher, weil ich sie mit Millionen Menschen auf der Welt gemeinsam verabscheue. Ich hasse den Hochmut, der den besseren Teil für eine Minderheit reserviert und die Mehrheit zur Sklaverei verdammt. Keine Strafe könnte meinen Haß auslöschen.

Der Gerichtspräsident läutet mit seiner Glocke, der Saal wird geräumt. Während die Polizei Mandela abführt, rufen die Massen auf der Straße seinen Namen, trotz polizeilicher Übergriffe.

CHOR DER DEMONSTRANTEN: Mandela weiter so!

DER REPORTER *zum Publikum*: Wie zu befürchten war, verurteilt das Gericht Mandela zu fünf Jahren Zwangsarbeit. Das Publikum im Saal hat sich den Kämpfern für Mandela auf der Straße angeschlossen, alle singen «Tshotsholoza, Mandela; Mandela weiter so!» Der Angeklagte hat mit der Verbüßung seiner Strafe im Zentralgefängnis von Pretoria begonnen. Er ist haftverschärfenden Maßnahmen unterworfen (23 Stunden Isolation täglich) und muß Postsäcke nähen.

Der Reporter geht von der Bühne ab. Man hört einen großen Lärm, dann die Schmerzensschreie eines Polizisten. Zwei andere Polizisten bringen ihren Kollegen hinaus, Winnie erwartet sie, einen Schuh in der Hand.

WINNIE *für sich*: Er ist bei mir ohne anzuklopfen eingetreten. Er hat mir die Hand auf die Schulter gelegt und dummes Zeug geredet. Ich habe nichts verstanden. Wenn ich in diesem Augenblick etwas in meiner Hand gehabt hätte, ich glaube, ich hätte den Mann umgebracht.

ERSTER POLIZIST: Schlimme Sache, sein Genick ist gebrochen.

WINNIE: Ich war in meinem Zimmer, hatte den Rock halb hochgeschlagen, mein Gott, und da kommt dieser Mann einfach so herein, er hat nicht kehrtgemacht, hat nicht «Entschuldigung» gesagt. Er hat die Hand auf meine Schulter gelegt. Ich weiß nicht, wie er es fertigbrachte, auf dem Genick zu landen. Ich habe ihm eins mit der Faust gegeben und ihn zu Boden geworfen. Ich habe ihn kopfüber fallen sehen, habe gesehen, daß die Kommode auf ihn fiel. Er hat nur bekommen, was er verdient.

ERSTER POLIZIST: Das wirst du uns auf der Wache sagen.

WINNIE: Laßt mich zumindest meine Schuhe anziehen.

Winnie wird roh abgeführt, kommt dann allein zurück.

WINNIE *für sich*: Ich bin nicht nur von meinem Mann getrennt, sondern auch von unseren beiden Töchtern. Sie mußten so oft die Schule wechseln... Man schickt sie zurück, sobald man entdeckt, wer sie sind. Wenn sie von der Schule kamen, haben sie mehr als einmal das Haus verschlossen vorgefunden. Sie mußten in den Zeitungen nachschauen, ob ich im Gefängnis bin. Und wenn ich entlassen wurde, war ich ohne Arbeit. Ich habe so viele Stellen verloren: In einem Möbelgeschäft, einer Reinigung, einem Schusterladen. Am Montag stellte man mich ein, und am Freitag entließ man mich. Einer von den Besitzern hat zu mir gesagt: «Sie können diese Stelle bis ans Ende ihrer Tage behalten, wenn Sie sich von Ihrem Mann scheiden lassen.» Die Polizei hat ihm gesagt, daß er mir das sagen soll.

Sie geht von der Bühne ab. Der Reporter tritt auf.

DER REPORTER: Zwanzigtausend Schüler sind durch die Straßen von Soweto gezogen, um gegen den Regierungserlaß zu protestieren, der die weiße Sprache den schwarzen Gymnasien aufzwingt. Polizei und Militär haben das Feuer eröffnet. Überall im Land haben die Schwarzen geantwortet, indem sie Schulen, Verwaltungsgebäude, staatliche Ausschankstellen und Fahrzeuge anzündeten. Das südafrikanische Institut für zwischenrassische Beziehungen spricht von 618 Toten und 1500 Verletzten. Die meisten von ihnen sind Schüler.

Er tritt ab. Winnie kommt zurück.

WINNIE *zum Publikum*: Ich war in Soweto und ich habe gesehen, was dort passiert ist. Die Kinder haben Steine gesammelt, hatten Deckel von Blechkanistern als Schilde, und so sind sie gegen die Maschinengewehre marschiert. Ich sah sie in den Straßen sterben, und wenn einer fiel, nahm ein anderer seinen Platz ein. Wir konnten unsere Kinder nicht zurückhalten, wir konnten sie nicht hindern, auf die Straße zu gehen. Zu ihrer Verteidigung haben wir einen Verband schwarzer Eltern gegründet, und ich bin auf die Wache gegangen.

Major Visser tritt auf.

DER MAJOR: Sie haben die Demonstrationen organisiert, und weil Sie jetzt die Kontrolle über sie verloren haben, kommen Sie zu uns. Sie wissen ganz genau, daß Sie, Winnie Mandela, voll und ganz verantwortlich sind für das, was jetzt kommt.

WINNIE: Mörder unserer Kinder! Und jetzt sagen Sie auch noch, wir hätten den Aufruhr organisiert! Halten Sie diese Hurensöhne zurück, die unsere Kinder auf der Straße töten!

Sie wirft ihm einen Schuh an den Kopf. Er geht ab. Ein junger Polizist tritt auf.

DER POLIZIST: Ich bin bei der Polizei, und auch ich war in Soweto. Sie können sich nicht vorstellen, was es für einen Kerl in meinem Alter heißt, wenn er gezwungen wird, auf Kinder zu schießen, weil sie eine andere Hautfarbe haben. Obwohl ich Befehl hatte, aus allernächster Nähe zu schießen, habe ich gut aufgepaßt, daß ich nicht treffe, das versichere ich Ihnen. Ich habe nicht einen Schuß abgegeben.

Sie drücken sich die Hand. Der Polizist geht ab.

WINNIE *zum Publikum*: Unser Südafrika wird vielrassig sein, der Staat wird sozialistisch sein.

Sie geht hinaus. Der Reporter tritt auf.

DER REPORTER *zum Publikum*: Und schon geht es wieder los! Kaum sind ein paar Monate nach Mandelas Verurteilung verstrichen, da wird er aus seiner Zelle geholt mit acht anderen Gefangenen. Sie werden der Sabotage beschuldigt und außerdem eines revolutionären Komplotts zum Sturz der Regierung, verbunden mit der Komplizenschaft eines Einmarsches ausländischer Truppen nach Südafrika. Es droht ihnen die Todesstrafe, die Emotionen nehmen zu im Lande wie auch in der ganzen Welt.

Mandela befindet sich wieder auf der Anklagebank.

MANDELA: Ich leugne keinesfalls, einen Sabotageplan ausgearbeitet zu haben.

Am 16. Dezember haben wir die Regierungsgebäude in Johannesburg, Port Elizabeth und Durban angegriffen. An der Wahl der Objekte ist unsere Politik gut abzulesen. Hätten wir Anschläge auf das Leben von Menschen beabsichtigt, dann hätten wir Objekte im Auge gehabt, in denen sich Leute versammeln, und keine leeren Gebäude oder die Stromversorgung...

Wir waren davon überzeugt, daß die Regierung unsere Revolte mit einem blindwütigen Massaker unter unseren Brüdern beantworten würde. Der Boden unseres Landes wurde aber schon mit dem Blut so vieler unschuldiger Afrikaner getränkt, daß wir uns gerade deshalb auf einen langwierigen Kampf vorbereiten müssen; wir müssen in der Lage sein, auf die Gewalt mit Gewalt zu antworten... Alle Weißen erhalten eine obligatorische Ausbildung beim Militär, nicht so die Afrikaner. Wir müssen also eine Kerntruppe geschulter Männer bilden, die unsere Operationen anführen können.

Man klagt uns auch an, dieselben Ziele wie die Kommunisten zu verfolgen. Es gab allerdings oft eine enge Zusammenarbeit zwischen dem Afrikanischen Nationalkongreß und der Kommunistischen Partei. Ich glaube, daß die Kommunisten immer eine aktive Rolle im Befreiungskampf der kolonisierten Länder gespielt haben, weil die Nahziele des Kommunismus immer den Fernzielen der Befreiungsbewegungen entsprechen... Als ich jung war, dachte ich, daß die Teilnahme von Kommunisten beim Afrikanischen Nationalkongreß und die enge Zusammenarbeit, die in bestimmten Bereichen manchmal zwischen den Kommunisten und uns stattfand, das Konzept des afrikanischen Nationalismus schließlich verfälschen könnten. Ich gehörte zu einer Gruppe, die den Ausschluß von Kommunisten aus dem Afrikanischen Nationalkongreß forderte. Dieser Antrag wurde mit einer großen Mehrheit abgelehnt. Unter jenen, die gegen ihn stimmten, waren die konservativsten Vertreter des afrikanischen Denkens zu finden. Diese sagten, daß der Nationalkongreß seit seiner Gründung nie eine Partei war, die unerbittlich ihre politische Denkweise verfocht, sondern eher ein Parlament des afrikanischen Volkes, das Leute unterschiedlicher politischer Auffassungen zur Erreichung eines Zieles versammelte: die nationale Befreiung. Ich habe mich schließlich dieser Auffassung angeschlossen, und seither trete ich für sie ein.

Vielleicht ist es für weiße Südafrikaner, da sie in ihren antikommunistischen Vorurteilen befangen sind, schwer verständlich, warum die Politiker der afrikanischen Dachorganisation so bereitwillig Kommunisten als ihre Freunde anerkennen. Aber für uns liegen die Gründe auf der Hand. In unserem Kampf gegen die Unterdrückung sind Auseinandersetzungen über unterschiedliche politische Theorien ein Luxus, den wir uns nicht leisten können. Außerdem waren die Kommunisten mehrere Jahrzehnte lang als einzige politische Gruppe in Südafrika bereit, die Afrikaner als menschliche Wesen, als Gleichberechtigte zu behandeln. Sie waren bereit, mit uns zu essen, mit uns zu sprechen, mit uns zu leben und zu arbeiten. Deshalb setzen heute viele meiner Landsleute Freiheit mit Kommunismus gleich, und sie werden in ihrer Auffassung von einer Gesetzgebung noch bestärkt, die alle Vorkämpfer für die Freiheit der Afrikaner als Kommunisten ausgibt und viele von ihnen, die nicht Kommunisten sind, nach dem Gesetz zur Unterdrükkung des Kommunismus verurteilt. Obwohl ich nie Mitglied der Partei war, wurde ich dennoch als solches verfolgt. Unter Berufung auf eben dieses Gesetz wurde ich verurteilt, eingesperrt und verbannt.

Im übrigen sind es nicht nur die südafrikanischen Kommunisten, die uns unterstützen. Auf internationaler Ebene sind uns die kommunistischen Länder immer zu Hilfe gekommen... Unsere Hauptaufgabe muß jetzt sein, jegliche rassische Diskriminierung abzuschaffen und die demokratischen Rechte einzuführen. In dem Maße, wie die Kommunistische Partei sich dieses Ziel zu eigen macht, ist sie uns willkommen.

Südafrika ist das reichste Land auf unserem Kontinent und könnte eines der reichsten Länder der Welt sein. Aber es ist ein Land extremster Gegensätze. Die Weißen erfreuen sich hier eines Lebensstandards, der vielleicht der höchste der Welt ist, während die Afrikaner im Elend leben.

Armut geht einher mit Unterernährung und Krankheiten. Dennoch beklagen sich die Afrikaner nicht so sehr deshalb, weil sie arm und die Weißen reich sind, sondern weil sie feststellen, daß die von den Weißen gemachten Gesetze angelegt sind, diesen Zustand aufrechtzuerhalten. Es gibt zwei Arten, der Armut zu entkommen: Entweder durch eine bessere Ausbildung, die sich in Diplomen ausdrückt, oder, für einen Arbeiter, indem man sich in seiner Arbeit spezialisiert und somit in seiner Lohngruppe steigt. Für die Afrikaner sind beide Wege des sozialen Aufstiegs durch die Gesetzgebung unmöglich gemacht worden.

Die Afrikaner wollen Löhne, von denen sie leben können. Wir wollen dort leben, wo wir Arbeit finden, und nicht aus einem Gebiet vertrieben werden, unter dem Vorwand, wir seien dort nicht geboren. Wir wollen das Recht haben, den Boden, den wir bearbeiten, zu besitzen, wir wollen uns unter die Gesamtheit der Bevölkerung mischen und nicht in unsere Gettos verbannt sein. Die Männer wollen Frau und Kinder bei sich haben, dort wo sie arbeiten, und nicht genötigt sein, allein in einem Männerlager zu leben. Die Frauen wollen nicht mehr wie Witwen in Reservaten leben. Die Afrikaner wollen das Recht haben, abends nach elf Uhr auszugehen, das Recht, in ihrem Land zu reisen und sich Arbeit zu suchen, wo sie wollen. Ich habe eine demokratische Gesellschaft zu meinem Ideal gemacht. Ich hoffe, daß ich leben kann, um sie zu erkämpfen, aber für dieses Ideal bin ich auch bereit zu sterben, wenn es sein muß.

Eine Demonstration beginnt auf der Bühne, erreicht dann die Kulissen und brandet wieder auf, bevor Präsident Botha die Bühne betritt, gefolgt von Journalisten.

CHOR DER DEMONSTRANTEN: Geben Sie Mandela frei!

DER REPORTER *zum Publikum*: Präsident Botha veröffentlicht ein Weißbuch. Die Bibel reicht nicht mehr aus, um Südafrika zu regieren. Täglich fließt Blut, die Gefängnisse sind voll, und die Demonstranten stellen sich den Angriffen der Polizei entgegen...

CHOR DER DEMONSTRANTEN: Geben Sie Mandela frei!

PRÄSIDENT BOTHA: In Anbetracht der Tatsache, daß die «influx control» nicht mehr ein verfassungsmäßiges Ziel darstellt, daß die Grundrechte zu wahren sind und Diskriminierung auf Grund von Rasse oder Hautfarbe unannehmbar ist, hat die Regierung beschlossen, die «influx control» abzuschaffen und ihr Hauptaugenmerk auf die Vergabe eines Ausweispapiers an alle Bevölkerungsgruppen zu richten...

DER REPORTER: «influx control» ist ein Gesetz, das die Freizügigkeit verhindert oder einschränkt, indem es Schwarze über sechzehn Jahre innerhalb der weißen Zone zum Tragen eines Inlandspasses verpflichtet. Dieser ist so angelegt, daß man seinetwegen bis jetzt achtzehn Millionen Schwarze ins Gefängnis werfen konnte, das bedeutet alle drei Minuten eine Festnahme!

CHOR DER DEMONSTRANTEN: Geben Sie Mandela frei!

DER REPORTER: Nichts hat sich grundlegend geändert. Die Rassentrennung bleibt bestehen, und noch am Tag der Veröffentlichung dieses Weißbuchs wurde dem Parlament ein Gesetzentwurf unterbreitet, der den Sicherheitskräften für ihre Unterdrückungsmaßnahmen einen Persilschein ausstellt.

Der Reporter verläßt die Bühne. Drei Bankiers treten auf.

ERSTER BANKIER *zu Präsident Botha*: Hello Boy! Was macht denn die Regierung für Sachen? Sieht ganz nach Pleite aus! Ich vertrete hier die amerikanischen Banken. Ihre Schulden sind auf vier Milliarden zweihundert Millionen Dollar gestiegen.

ZWEITER BANKIER *ebenso*: Die englischen Banken fordern von Ihnen drei Milliarden Dollar.

DRITTER BANKIER *ebenso*: Und den französischen Banken schulden Sie zwei Milliarden Dollar.

PRÄSIDENT BOTHA: Meine Herren, vertrauen Sie uns! Wir haben wichtige Reformen unternommen...

CHOR DER DEMONSTRANTEN: Geben Sie Mandela frei!

ERSTER BANKIER: Es ist an der Zeit, daß Sie einen Strich unter die Rechnung ziehen. Wenn Sie nicht bezahlen, werden wir alle Ihre Guthaben in den Vereinigten Staaten beschlagnahmen.

ZWEITER BANKIER: Dasselbe gilt für Großbritannien.

DRITTER BANKIER: Selbstverständlich auch für Frankreich. Da ist auch noch die Schweiz und andere europäische Länder...

ERSTER BANKIER: Fassen wir zusammen. Sie schulden der freien Welt vierzehn Milliarden Dollar.

PRÄSIDENT BOTHA: Meine Herren, ich bitte Sie inständigst! Hören Sie mich an. Wir sind auf dem richtigen Weg. Wir haben Kolonialsystem und Rassentrennung hinter uns gelassen. Ich habe das vor dem Parlament gesagt, im Fernsehen und in allen Sonntagszeitungen sogar auf einer Doppelseite. Ich habe mich direkt an die Schwarzen gewandt...

CHOR DER DEMONSTRANTEN: Geben Sie Mandela frei!

ERSTER BANKIER *zu Präsident Botha*: Da haben Sie die Antwort der Schwarzen.

ZWEITER BANKIER: Geben Sie Mandela frei.

DRITTER BANKIER: Sie sollten keine Zeit mehr verlieren...

ERSTER BANKIER: Wenn Sie nicht enden wollen wie der Schah von Persien, Marcos oder Duvalier...

CHOR DER DEMONSTRANTEN: Geben Sie Mandela frei!

Die Bankiers verlassen die Bühne.

DER REPORTER *zum Publikum*: Botha ist ein Dummkopf allerreinster Sorte! Die größten Bankiers sind wütend auf ihn. Frankreich hat seine Investitionen eingestellt. Der Weltsicherheitsrat, die Vereinten Nationen und das Commonwealth sprechen sich für Sanktionen aus. Und als die Chase Manhattan Bank sich weigerte, das Darlehen von vierhundert Millionen Dollar zu verlängern, gab es eine Panik. Die südafrikanische Währung, der Rand, wurde derart massiv verkauft, daß ein Währungssturz die Folge war. Schon haben einundvierzig amerikanische Gesellschaften das Land verlassen. Zusätzlich haben dreiundsiebzig Universitäten der Vereinigten Staaten vierhundert Millionen Dollar an Investitionen aus Südafrika zurückgezogen. Die Preise steigen, der Wechselkurs fällt, Know-how und Kapital verlassen das Land, so sieht die wirtschaftliche Lage aus, wobei die Arbeitslosigkeit ein kritisches Niveau erreicht. Von zweieinhalb Millionen Arbeitslosen sind zwei Millionen vierhunderttausend Schwarze…

CHOR DER DEMONSTRANTEN: Geben Sie Mandela frei!

Von Sorgen überwältigt, schläft Präsident Botha am Fuß der Mauer stehend ein. Im Traum sieht er Mandela, der ihn wie einen kleinen Jungen bei der Hand nimmt.

MANDELA: Immer noch am Fuß der Mauer! Komm, mein kleiner Botha, ich werde dir zeigen, wie man geht. Komm schon, mach mit mir ein paar Schritte. Eins, zwei, drei, vier. Siehst du, jetzt haben wir schon vier Schritte gemacht. Und jetzt geh mal ganz alleine. Komm zu mir. Eins…

Präsident Botha macht einen Schritt auf Mandela zu, dann weicht er erschrocken zurück.

MANDELA: Einen Schritt vor, drei Schritte zurück! Komm schon, nicht so ängstlich. Es ist wohl nötig, daß ich dich eines Tages lenke.

Präsident Botha macht noch einen Schritt, aber nur, um erneut zurückzuweichen, schließlich steht er wieder mit dem Rücken zur Mauer, die Augen geschlossen.

MANDELA: Gib mir deine Hand. Komm schon, marsch!

Präsident Botha reibt sich die Augen wie in einem Alptraum, und plötzlich setzt er sich in Bewegung, im Gleichschritt.

MANDELA: Eins – zwei, eins – zwei…

PRÄSIDENT BOTHA: Wo gehen wir denn hin?

MANDELA: Halt! Bleib wie du bist. Auf keinen Fall darfst du dich bewegen. Wir werden dich zum Standbild für ein Museum der freien Welt machen. Bleib schön aufrecht, Kopf hoch! Vergiß nicht, wer du bist. Vielleicht bringst du uns ein paar Dollar ein. Wir schicken dich nach Amerika zu unseren indianischen Brüdern, damit man dich ein wenig den Schulkindern zeigen kann, als Übermensch.

Präsident Botha versucht ein paar vorteilhafte Posen, aber der Chor der Demonstranten quält ihn auf dem Höhepunkt seines Alptraums.

CHOR: Ich bin schwarz,
Ich sehe schwarz,
Wir alle sind schwarz,
Eure Welt ist schwarz,
Unser Leben ist schwarz,
Elend, schwarzes Elend,
Ich bin's, der Neger,
Ich der Mischling
Und ich der Inder,
Ich putze dein Fenster,
Und ich wasche dein Auto,
Und ich falle von deinem Balkon,
Weißer Mann,
Sauberer Mann,
Rosiger Mann,
Blitzblanker Mann,
Wie ein neuer Pfennig,
Du bist es, der lebt,
Und ich sterbe.
(Auf ein altes Arbeiterlied:)
Wir sind die Eindringlinge
Und stammen von hier!

Aus dem Französischen von Hans Thill

MAURICE BLANCHOT Unsere Verantwortung

Wie soll man, auf angemessene Weise, über die Rassentrennung zwischen Schwarzen und Weißen sprechen, schreiben? Was unter dem Nazismus, der einen Teil der Menschheit ums Leben und um das Recht am Leben gebracht hat, geschehen ist, besteht weiter – nach jenem Desaster, das eine solch unglückselige Doktrin unmöglich und unformulierbar zu machen schien.

Die *Apartheid* hat just in dem Augenblick ihre juridische Form gefunden, als die kolonisierenden Länder zusammenbrachen und erkannten, daß sie nicht das Privileg besaßen, die Vielfalt des menschlichen Geistes zu verkörpern. Die Buren indes glaubten sich im Gegenteil dazu verpflichtet, die Zukunft aufzuhalten und den unbedachten Ausspruch von Hegel wahrzumachen: «Afrika hat keine Geschichte.» Wollte man ihr Handeln entschuldigen, könnte man sagen, sie hätten sich nie geändert, hätten bloß die Vorurteile der alten Kolonisatoren (im 16. und 17. Jahrhundert, als Montaigne entdeckt, daß es verschiedenartige und dabei gleichrangige Kulturen gibt) übernommen und verstärkt.

Anfänglich haben diese Abenteurer, die auf unbekanntem Boden Wurzeln zu schlagen versuchen, die Stärke, eine exklusive Kultur sowie eine beschränkte und im übrigen verfolgte Religion auf ihrer Seite. Die Jahrhunderte sind vergangen. Die altertümlichen Forderungen sind geblieben, abgesichert durch grausame und zugleich widersprüchliche Verordnungen. Es wurde mehr oder weniger implizit vorausgesetzt, beide (die

Farbigen und die Weißen) hätten ihre eigene Kultur, die sich nur durch gegenseitige Absonderung entwickeln könne. Diese heuchlerische Entscheidung wich bald schon dem Terror der Zahl sowie der Notwendigkeit, die «Minderwertigen» für dienende Arbeiten einzusetzen. Weiße und Schwarze lebten nebeneinander in einem Zustand der Koexistenz, der unerläßlich, doch nach wie vor nicht ohne Gefahr war. In vielen Fällen mußten die Schwarzen da sein (um zu arbeiten), durften jedoch nicht da sein (wo es um das Recht auf persönliche Präsenz und Muße ging).

Solchermaßen hat die *Apartheid* zu einer Gesetzgebung geführt, die fast noch unerträglicher als die Sklaverei ist. Die Schwarzen sind zwar unerläßlich, doch setzen sie die Weißen einer gefährlichen Ansteckung aus. Desgleichen bedeutet es für den Schwarzen ein schweres Verbrechen, zu einem im westlichen Sinne kultivierten Menschen zu werden. Kommt es zu diesem Unglück, zerstört es das soziale Gleichgewicht und kann den Kommunismus oder sein Äquivalent erzeugen. Daher die Verurteilung von Nelson Mandela. Er ist zu gebildet und zu tüchtig, als daß man ihn in Freiheit leben lassen könnte. Kommunismus, Gemeinschaft und Demokratie sind ausgeschlossen. Und die Gesetze genügen nicht, da sie gewisse Garantien aufrechterhalten. So muß man sie denn aufheben. Es herrscht der Ausnahmezustand, das Verbot freier Information, die Abkapselung in sich selber, der Bruch mit dem Rest der Welt, außer was die Waren betrifft, denn der Handel ist die letzte Wahrheit.

Ich rufe diese schmerzlichen Tatsachen nicht nur deshalb in Erinnerung, damit sie aus dem Gedächtnis nicht verschwinden, sondern damit die Erinnerung unser Verantwortungsbewußtsein stärkt. Diese Barbarei, diese Leiden, diese zahllosen Morde – wir sind an ihnen beteiligt insofern, als wir sie mit einer gewissen Gleichgültigkeit hinnehmen, als unsere Tage und Nächte von ihnen nicht gestört sind. Es ist auffallend, daß der Mann, der dieses unser Land auf eine unglückselige Weise regiert, über das, was er unsere Bemühung um ein reines Gewissen nennt, spottet – das seine ist von dem, was dort, in einer andern Welt geschieht, sichtlich nicht berührt. Auch die Trägheit der Europäischen Gemeinschaft disqualifiziert eben jene Ideale, eben jene Kultur, die sie zu repräsentieren vorgibt. Seien wir uns denn bewußt, daß auch wir Verantwortung tragen und uns schuldig machen, wenn wir nicht unsere Stimme erheben – durch Aufrufe, Proteste, Schreie und abermals Schreie.

Und verhalten wir uns so, daß wir mit Breyten Breytenbach wiederholen können, was dieser an Winnie Mandela adressiert hat:

Unser Herz ist mit dir.
Afrika wird befreit werden.

Aus dem Französischen von Ilma Rakusa

Zu den Autoren

Jacques *Derrida* wurde 1930 in El Biar/Algerien geboren. Er ist Professor für Philosophiegeschichte an der École Normale Supérieure in Paris. Von seinem philosophischen Hauptwerk sind auf deutsch u. a. erschienen: «Die Schrift und die Differenz» (1972) und die «Grammatologie» (1974). Zuletzt: «Husserls Weg in die Geschichte am Leitfaden der Geometrie» (München 1987).

Nadine *Gordimer* wurde 1923 als Tochter jüdischer Eltern in dem südafrikanischen Grubenstädtchen Springs geboren. Als Romanautorin und Erzählerin errang sie Weltruhm, während mehrere ihrer Werke (darunter «Burgers Tochter») in Südafrika zeitweilig der Zensur zum Opfer fielen. Zuletzt erschienen auf deutsch der Roman «Der Ehrengast» (1986) und «Der unbesiegbare Sommer. Politische Essays» (1987).

Jorge *Amado*, 1912 in der Provinz Bahia (Brasilien) geboren. Er schuf mit seinen Romanen ein umfangreiches Volksepos. 1987 erschien zuletzt «Tocaia Grande. Der große Hinterhalt», im Herbst 1987 wird erscheinen: «Der gestreifte Kater und die Schwalbe Sinhá».

Adonis – Pseudonym für Ali Ahmed Saïd Esber –, 1930 geborener libanesischer Dichter, Übersetzer und Kritiker syrischer Herkunft. Z. Zt. Delegierter der Arabischen Liga bei der UNESCO in Paris. 1986 erschien der letzte Gedichtband «Tombeau pour New York» (Paris, Sindbad).

Susan *Sontag*, geboren 1933 in New York, ist Essayistin, Erzählerin und Filmemacherin. Zuletzt erschienen 1981 auf deutsch der Essayband im «Im Zeichen des Saturn», 1985 der Roman «Todesstation».

Hélène *Cixous* wurde 1937 in Algerien geboren. Sie leitet das ‹Centre des Recherches en études féminines› an der Universität Paris VIII und unterrichtet am ‹Collège International de Philosophie›. 1977 erschien auf deutsch «Die unendliche Zirkulation des Begehrens. Weiblichkeit in der Schrift» (Berlin, Merve Verlag).

Olympe *Bhêly-Quênum*, französischsprachig, aus Benin stammend, lebt in Paris. 1966 erhielt er den ‹Grand Prix Littéraire d'Afrique›, 1979 erschien zuletzt «Un enfant d'Afrique» (Larousse).

Edmond *Jabès*, 1912 in Kairo geboren, lebt seit 1957 in Paris. Aus dem umfangreichen, in französischer Sprache verfaßten Werk wurde auf deutsch veröffentlicht: der Gedichtband «Das Buch der Fragen» (Alpheus Verlag, 1979), «Es nimmt seinen Lauf» (1981) und «Das kleine unverdächtige Buch der Subversion» (1985).

Heiner *Müller*, geboren 1929 in Eppendorf (Sachsen). 1970 Dramaturg am Berliner Ensemble, seit 1957 Schriftsteller und Dramaturg. Heinrich-Mann-Preis (1959), Mühlheimer Dramatikerpreis (1979), Georg-Büchner-Preis (1985). Heiner Müller lebt in Berlin / DDR.
Zuletzt erschien: «Gesammelte Irrtümer. Interviews und Gespräche» (1986, Verlag der Autoren).

Juan *Goytisolo*, geboren 1931 in Barcelona, 1957 Übersiedlung nach Paris, Gastprofessuren in den USA, lebt z. Zt. abwechselnd in Paris, Spanien und Marrakesch. Auf deutsch sind derzeit in Neuauflagen die Romane «Identitätszeichen» und «Die Rückforderung des Conde don Juliàn» lieferbar.

Mustapha *Tlili*, tunesischer Herkunft, französischsprachig, lebt in New York. Bei Gallimard erschienen drei Romane, zuletzt 1987 «Gloire des sables».

Severo *Sarduy* wurde 1937 in Mamagüey auf Kuba geboren; literarische Anfänge in Havanna 1955. Für den Roman «Cobra» erhielt er in Frankreich den ‹Prix Médicis étranger›. 1968 war auf deutsch der Erzählband «Bewegungen» erschienen.

Kateb *Yacine* wurde 1929 in Constantine / Algerien geboren. 1946 veröffentlichte er seinen ersten Gedichtband, bei Ausbruch des Algerienkrieges mußte er Frankreich verlassen, seit 1971 lebt er wieder in Algerien. Theaterstücke auf arabisch, Leitung des Theaters von Sidi Bel Abbès bis 1981. Im Januar 1987 erhielt er den ‹Grand Prix National des Lettres›.

Maurice *Blanchot* wurde 1907 in Burgund geboren. Neben Romanen und Erzählungen umfaßt sein Werk eine Fülle kritischer Essays. Auf deutsch liegen u. a. vor: «Der Gesang der Sirenen. Essays zur modernen Literatur» (1982) und «Die Literatur und das Recht auf den Tod» (1982). 1987 erschien sein «Michel Foucault» (edition diskord, Tübingen).

«Um unserer Kinder willen, Schwarz und Weiß zusammen, wollen wir uns erneut dem Kampf für die Befreiung unseres geliebten Landes weihen. Laßt uns alle, Schwarz und Weiß zusammen, nicht von Mutlosigkeit und Verzweiflung überwältigt werden. Laßt uns Schwarze nicht von Haß und Bitterkeit überwältigt werden. Denn wir alle, Schwarz und Weiß, werden gemeinsam siegen.»

Bischof Tutu